广东省"211工程"三期重点学科建设项目

主编 徐真华
全球化背景下的外国语言文学研究丛书

刘礼进 著

篇章视点回指语用论
——一项以汉英长距离反身代词为中心的对比研究

THE PRAGMATICS OF LOGOPHORICITY:
A CONTRASTIVE STUDY WITH A FOCUS ON LONG-DISTANCE REFLEXIVES IN CHINESE AND ENGLISH DISCOURSE

上海外语教育出版社
外教社 SHANGHAI FOREIGN LANGUAGE EDUCATION PRESS

图书在版编目（CIP）数据

篇章视点回指语用论：一项以汉英长距离反身代词为中心的对比研究/刘礼进著.—上海：上海外语教育出版社，2012（2013重印）
（全球化背景下的外国语言文学研究丛书）
ISBN 978-7-5446-2543-2

Ⅰ.①篇… Ⅱ.①刘… Ⅲ.①代词－对比研究－汉语、英语 Ⅳ.①H314.2②H146.2

中国版本图书馆CIP数据核字（2012）第230380号

出版发行：上海外语教育出版社
（上海外国语大学内） 邮编：200083
电　　话：021-65425300（总机）
电子邮箱：bookinfo@sflep.com.cn
网　　址：http://www.sflep.com.cn　http://www.sflep.com
责任编辑：张　丽

印　　刷：同济大学印刷厂
开　　本：890×1240　1/32　印张6.625　字数195千字
版　　次：2012年8月第1版　2013年8月第2次印刷
印　　数：1 100册

书　　号：ISBN 978-7-5446-2543-2 / H·1263
定　　价：26.00元

本版图书如有印装质量问题，可向本社调换

全球化背景下的外国语言文学研究丛书

编委会名单

主编：徐真华

编委：（以姓氏笔画为序）

王初明　韦立新　平　洪　刘　岩
刘建达　杨　可　李敬平　余　东
陈开举　陈多友　林秀梅　郑　超
郑立华　章宜华　董燕萍　曾用强
戴桂玉

总序

外国语言文学学科的发展是与国运衰微、西学东渐、现代大学勃兴紧密联系在一起的。随着1840年鸦片战争的爆发,东西方文明在古老中国不断冲突、碰撞、磨合以及融汇,其剧烈之程度在中国对外交往史中前所未见。西方列强的坚船利炮使东方老大帝国的羸弱暴露无遗。清政府内洋务派为了挽救清廷的统治危机,主张引进、仿造西方的武器装备和学习西方的科学技术,兴办洋务,创设近代企业,将发展重点放在"器物"层面,"师夷长技以制夷"。1894年,中国在甲午海战中惨败,民族危机空前深重,引起思想文化教育界强烈震动,"中学为体,西学为用"受到空前挑战,"制度"革新摆上核心日程,变法维新运动持续高涨。

此时,时代需要中国与西方之间的"翻译者",从一开始,外语就承担了读懂历史变迁、推动民族奋起自强的重任。中国一批最早接受西方思想的知识分子,如魏源、郑观应等,为译介西书和传播西方的政治体制、科学知识,发挥了很大的作用。1862年,被誉为近代第一所国立外国语学院的京师同文馆应运而生,恭亲王奕䜣等人在给清政府的奏折上阐明了建馆的意图:"欲悉各国情景,必先谙其言语文字,方不受人欺蒙。"作为清代最早培养译员的洋务学堂和从事翻译出版的机构,同文馆为推动中国近代化作出了积极而重要的尝试。此后,得益于外语的译介作用,西学在中国的发展步伐不断加快。曾负笈海外的严复翻译了一批重要的西方著作,他的译著(如亚当·斯密的《原富》、斯宾塞的《群学肄言》、孟德斯鸠的《法意》,尤其是赫胥黎的《天演论》,以"物竞天择"、"适者生存"、"优胜劣汰"的生物进化理论阐发救亡图存的观点)启蒙与教育了一代国人,产生了振聋发聩的影响。戊戌变法之年,中国第一所国立综合性大学——京师大学堂创立伊始,即开设英、法、德、俄、日5个语种的课程。1902年,京师大学堂复学,且随即合并了京师同文馆,次年更名为译学馆。随着现代高等教育在中国的兴起,外语专业作为一门独立学科在我国建立并逐步发展。揭橥"民主"和"科学"两面旗帜的"五四"新文化运动,为外语学科增添了发展动力和活力。

I

适值"三千年未有之大变局",以促进中国近代化为宗旨的海外留学热潮激情涌动。1872年到1875年间,由近代中国留美第一人容闳提议,清政府先后派出四批共120名幼童赴美国留学。这些留美幼童是中国历史上最早的官派留学生。此后,旨在寻求真知的官派和自费留学逐波激荡。这些留学生归国后分布在政界、军界、实业界、教育文化界等各个领域,不少人成为中国近代历史上的知名人物。及至民国时期,一批既饱览西学又具有深厚国学根底的"海归"执掌大学外文系或者从事外文教学研究工作。作为"睁眼看世界"的文化精英,他们学习和借鉴西方先进的理念、模式和方法,制订学术范式,建立课程体系,名师俊彦辈出,学术声誉远播。从当年北京大学、清华大学、西南联大等高校外文系的一流学术阵容可见一斑。在外文界,前辈不懈开拓进取,后学奋力继承创新,学术薪火相传,在短短数十年内为外语学科奠定了较为厚实的基础。1949年以后,由于国内、国际形势的嬗变,外语学科的持续发展受到很大干扰和破坏。1978年中国实行改革开放政策,长期以来对外封闭的坚冰开始消融,外语学科又受到重视,得以焕发新的生机和活力。

近30多年来,科学技术迅猛发展,社会思潮与思想观念更趋丰富多元,学科既深度分化又高度综合,这些变化既拓展了外国语言文学的外延,又深化了其内涵。尤其是20世纪90年代后,全球化趋势深入发展,国与国之间相互依赖相互依存明显增强,对人类社会的影响涉及经济、政治、教育、社会及文化等各个领域,为外国语言文学创设了新的发展环境和条件。在这个进程中,我国外语界就全球化背景下外国语言文学的使命和责任、外语教育规划、外语学科发展路径、外语人才培养模式等理论和实践问题进行了积极的探索,为推动我国经济社会发展、促进中外文化交流、培养高素质国际化人才作出了重要贡献。在全球化背景下,我们面临进一步提升高等教育国际化水平,繁荣发展哲学社会科学,扩大中国学术的国际影响力和话语权,增强国家文化软实力,增进国际理解的艰巨任务。哲学社会科学要繁荣发展,既要"请进来",也要"走出去",对本国传统文化精髓,既不狂傲自大,也不妄自菲薄;对外国优秀文明成果,既不全盘照搬,也不一概否定。在纵横捭阖的大时代面前,我国学术发展更需要世界眼光、国际视野和"海纳百川、有容乃大"的广阔胸怀。面对新形势、新任务,外语院校和外语系学科有独特和不可替代的优势,有责任、有义务、有能力推进内涵发展、质量提升、品牌建设,服务于整个国家学术的发展,服务于国家外交战略能力的大幅提升。

国学大师、清华研究院"四大导师"之一陈寅恪先生曾经说,"读书必先识字",他自己就精通梵语、英语、法语、德语、巴利语、波斯语、突厥语、西夏语,还修习过中亚古文字和蒙古语。时至今天,要了解古希腊、古埃及、古印度、古巴比伦文明的历史,要感受罗马帝国的辉煌和文艺复兴的灿烂,要领略工业革命和西方哲学的魅力,要把握当前国际社会发展的律动和人类进步的脉搏,外国语言文学仍然是一种十分重要而必不可少的工具、载体和媒介。在全球化背景下,普世价值往往能更易超越民族、文化、宗教、局域认知等,通过外语这座桥梁得以交流和沟通、发扬和传播,从而提升人类社会的福祉。

高等学校的根本任务是培养人才。为适应全球化和高等教育国际化的需要,外语院校和外语学科一项很重要的使命和责任,就是要践行"立足平凡、追求卓越"的教育理念,创新人才培养模式,着眼于培养全球化、高素质公民。这种人才,具有较高的公民素养,"不能仅仅是语言、翻译方面的专家,更要在此基础上成为对象国研究和区域研究的专家,成为外语精湛、专业突出、高素质的复合型、复语型的国际化人才"(教育部副部长郝平)。简而言之,全球化、高素质公民的内涵可以用"中国灵魂、世界胸怀、现代意识"十二个字来表述,它包含了人与自我、人与国家、人与世界三个命题。第一,大学生要追求自我完善,务求"格物、致知、诚意、正心",修身自持,赋予个体生命实际意义。第二,大学生要理性爱国,正确理解与认同传统文化,自觉参与现代中国的社会—文化转型进程。第三,大学生要用全人类而非单一国家民族的眼光关注诸如气候变化、核扩散、大规模传染病等国际性难题,不断提高跨文化交际能力,对外具有独立的品格和开放的心态。

在全球化语境下,外国语言文学需要遵循学科发展规律,顺应国家政策安排,不断加强自身建设,逐步提升学科的影响力和话语权。推进外国语言文学基础理论研究,密切追踪国外学术前沿,注意学习和借鉴,但不能满足于"跟随"和"阐释",要力争取得有突破性的、具有国际影响的原创性外文理论成果。充分发挥外语学科优势,整合相关学科资源,开展全球问题、国际区域和国别问题的长期跟踪研究,为国家外交战略服务。积极主动对接国家和地方战略需求,就外语教育教学和对外交往的重大理论和实践问题,鼓励个人自由探索,支持学科集体攻关,为党和政府提供高水平的决策咨询服务。比如,广东外语外贸大学在广东省政府的鼎力支持下组建的广东国际战略研究院,近年来就国际金融危机、中国—东盟自贸区成立、日本地震海啸等重大问题对广东的影响及对策,组织外语专家和相关学科学者进行专题研究,向有关方面提交了高质量的调研报告,对政府施政和企业决策产生了积极的影响。"走出去",是繁荣发展我国哲学社会科学的重要环节。外语院校和外语学科可充分发挥自身独特优势,健全高端国际型人才培养体系,重点培育一批高水平、专业化的翻译团队,培养造就一批造诣高深的翻译名家,翻译并向海外推介一批中国文化经典和学术精品。要适应学科分化与综合的趋势,加强外语与经济、管理、法律、文化、军事、信息技术等学科的交叉和融合,在保持传统语言文学学科优势的基础上,努力催生出一批能与国际学术界直接对话、具备学术话语权的新型特色交叉学科。加强与港澳台外语界的交流与合作,积极参与国际学术活动和学术组织,积极参与和推动国际学术组织有关政策、规则、标准的研究和制定。

以"工程"、"项目"和"课题"等名义对高等学校发展实行管理和调控,是我国高等教育体制的重要特色。目前,少数外语院校进入国家"211工程"建设高校行列,外国语言文学学科也拥有一批国家级重点学科、教育部人文社科重点研究基地、教育部特色专业建设点、国家精品课程、国家教学名师等,这些总体上构成了外语学科领域的学术制高点。2008年,广东外语外贸大学"全球化背景下的外国语言文学研究"入选广东省"211工程"三期重点学科建设项目,其系列专著凝聚了"语言·文学·文化"、现代技术与语言教学评估、跨文化交际与管理、翻译研究与实践等研究方向,来自政府的支持为广外外语学科的创新发展提供了新的机会和平台。出版"全球化背景下的外国语言文学研究丛书",一来可作项目成果的初步展示,二来以此就教于同行专家学者。

慢工出细活,厚积才能薄发。全球化背景下外国语言文学学科的发展,与中国改革开放与现代化建设事业一样,依然任重而道远。

是为序。

徐真华[1]

2011年6月

---

[1] 徐真华,广东外语外贸大学教授,博士生导师;广东省人民政府文史研究馆馆员,文史馆文学院名誉院长。

目录

序 言	1
前 言	3

第一章 绪论 ································· 6
1.1 引言 ································· 6
1.2 回指和视点回指 ································· 6
1.3 视点回指和汉英长距离反身代词 ································· 10
1.4 长距离反身化和篇章视点回指研究概述 ································· 13
1.5 本书的目的、基本观点、研究方法 ································· 15
1.6 小结 ································· 18

第二章 长距离反身化 ································· 19
2.1 引言 ································· 19
2.2 标准管约理论的约束假说 ································· 20
2.3 汉英反身代词与约束论 ································· 22
2.4 几项改进的管约理论策略及其缺憾 ································· 26
    2.4.1 屈折变化移位法 ································· 26
    2.4.2 屈折短语附接法 ································· 28
    2.4.3 题元等级 ································· 32
    2.4.4 局部性和自我归属 ································· 35
    2.4.5 阻断效应、最小最大句子效应、次统制和生命性 ································· 38
2.5 小结 ································· 42

第三章 篇章视点回指 ································· 44
3.1 引言 ································· 44
3.2 视点回指和语篇—语义角色 ································· 45
3.3 视点回指和移情 ································· 49

i

3.4 视点回指、叙述视角、对比性与语篇凸显 ················ 53
3.5 视点回指/长距离回指的语用学研究 ················ 62
　3.5.1 Horn 二分原则语用理论 ················ 62
　3.5.2 Levinson 三分原则和三个分析法的语用体系 ················ 64
　3.5.3 Huang Yan 的语用学回指理论 ················ 71
3.6 篇章回指的功能语用研究 ················ 75
3.7 小结 ················ 78

第四章　理论框架和研究方案 ················ 81
4.1 引言 ················ 81
4.2 理论框架 ················ 81
　4.2.1 汉英长距离反身代词的语用原则 ················ 82
　4.2.2 主、客观视点领域和生命性/意识性条件 ················ 88
4.3 研究方案 ················ 90
　4.3.1 研究设计 ················ 90
　4.3.2 语料搜集和制作 ················ 91
　4.3.3 研究方法 ················ 94
4.4 小结 ················ 95

第五章　汉英篇章中的视点回指式对比 ················ 96
5.1 引言 ················ 96
5.2 确定基本语料 ················ 96
5.3 初始假说和验证 ················ 99
5.4 修正假说与验证 ················ 102
5.5 讨论 ················ 105
　5.5.1 典型视点回指式 ················ 105
　5.5.2 一般视点回指式 ················ 109
　5.5.3 非视点回指式 ················ 112
5.6 小结 ················ 114

第六章　翻译中汉语反身代词与其英语对应用语对比 ················ 116
6.1 引言 ················ 116
6.2 确定基本语料 ················ 116

6.3	初始假说和验证	118
6.4	修正假说和验证	122
	6.4.1 汉语反身代词与其英语对译用语	123
	6.4.2 汉译语反身代词和英语原文对应用语	125
6.5	讨论	128
	6.5.1 汉语"自己"与英语回指词语	129
	6.5.2 汉语"Pr-自己"与英语回指词语	133
6.6	小结	138

第七章 汉英反身代词篇章功能的语用阐释 …… 140

7.1	引言	140
7.2	汉英反身代词的篇章功能解读	141
	7.2.1 作为视点回指语的"自己"	141
	7.2.2 汉语"Pr-自己"	143
	7.2.3 英语"Pr-self"	145
7.3	汉英反身代词和篇章回指生成	148
	7.3.1 汉语反身代词与篇章回指生成	149
	7.3.2 英语反身代词与篇章回指生成	153
7.4	再谈有关问题	158
7.5	小结	162

第八章 结论 …… 163

8.1	引言	163
8.2	总结	164
8.3	不足之处和进一步研究方向	169
8.4	结束语	171

参考文献 …… 173

附录 I 汉英语料来源书目 …… 180

附录 II 汉英小说语料样本范例 …… 182

索 引 …… 197

序言

　　刘礼进教授是一位勤奋、多产的学者。大学毕业后,他长期担任英语教学工作,并且较长时期承担外语类学术期刊的编辑工作。多年来,他潜心问学,教学相长,编研互促,每有心得体会便提笔著文,发表了很多有影响的学术论文,取得了令人瞩目的成就。其中,他用力最勤的一个研究领域便是语篇回指。本书可以说是他在这一领域长期耕耘、孜孜探索,并经集中深入思考后的阶段性总结。

　　与其他同类著作相比,我觉得本书具有如下几个鲜明的特点。

　　第一,在整体研究设计和研究目标方面,本书将语言事实发掘和理论探索相结合,从基本语言事实出发,细致考察反身代词在汉英篇章中的用法之异同,特别是在用作视点回指时的异同,并致力于对所发现的语言事实作出理论上的阐释。为此,作者自建了一个小型汉英叙事体篇章电子文本语料库,其中包括:1)汉英原文语料库;2)汉译英对比语料库;3)英译汉对比语料库。然后,作者对语料库进行了如下两个方面的系统考察,以检验自己在对现有一些反身代词回指理论进行综合评价的基础上提出的、基于"最小语篇主人公导向"分析法的汉英长距离反身代词的语用原则:1)利用汉英原文语料库,结合反身代词所指的、表达"最小语篇主人公"的名词短语的句法功能(主语、宾语、定语),区分"典型视点回指"、"一般视点回指"和"非视点回指"三种回指结构式,对汉英反身代词回指结构模式的异同与分布特征进行对比考察;2)利用汉译英和英译汉语料库,对汉语反身代词及其英语对译用语情况进行对比考察,探讨汉英反身代词的篇章功能特点及其语用动因。在此基础上,作者对汉英反身代词的篇章功用进行了综合归纳分析,从篇章回指的理解和生成两个角度,系统论证了本书提出的语用原则可以对汉英反身代词在篇章中的回指功能和回指生成模式做出较为合理、充分的解释。

　　第二,在对比研究的方法上,作者首次在国内全面采用 Chesterman 提出的"对比功能分析"的一般研究方法和具体步骤程序,来进行汉英反身代词的篇章功能对比研究。这一对比分析模式的特点是从察觉到的两种语言可以表达的相似意义出发,致力于确定这种相似的意义在不同的语言中是如何表达的,不同表达方式的句法、语义和语用制约条件是什么,在什么条件下会优先选用哪种形式,等等。"对比功能分析"通常按如下六个步骤进行:1)观察基本语料;2)确定可比标准;3)提出研究问题;4)制定初始假设;5)验证初始假设;6)修正初始假设。采用这一对比分析模式的一个显著优点是:对比研究中的对比基础、研究问题、所涉及的各变量之间的关系等都可以得到明晰的表述,使人一目了然。而且,此类研究的出发点是对基本语料进行观察,然后提出理论假设,并用语言事实来验证,因此可以认为是一种语言事实和理论构建相结合的研究方法。本书很好地遵循了"对比功能分析"的基本原则和研究方法,从形式和功能两大方面对汉英反身代词在篇章中的使用进行了对比功能分析,并以形式分析为功能分析作铺垫,将形式与功能相结合,因而得出的结论较为全面可信。

第三,在写作风格上,全书结构严谨,层次分明,文笔流畅,前后呼应,一气呵成,彰显了作者长期担任学刊编辑的文字功力。

综上所述,本书注重语言事实分析与理论升华相结合,充分论证了"最小语篇主人公导向"分析法对汉英反身代词语篇视点回指的解释力,代表了反身代词长距离回指研究的一项可喜的最新成果。我觉得,无论是在学术理论思辨方面还是在实证研究方法和写作的谋篇布局方面,读者都是可以从中获益的。

许余龙

上海外国语大学语言研究院

2011 年 7 月 26 日

前言

本书旨在以语用学方法来对比考察汉英语篇中长距离反身代词的功能特点,重点分析其篇章视点回指功能。篇章中的视点回指(logophoricity)是长距离回指或长距离反身化的一种特定形式,存在于人类的许多语言中。学术界对它的描述和定义详略不一。根据 Huang(2007:266)的观察,可一句话归纳其最简洁定义:篇章视点回指是指以特定的词汇和/或句法手段表达一个语句或一段语篇中的内部主人公视点的现象。据此,我们在本书中将它视作篇章回指的一种特定形式,专指(长距离)反身代词之于"最小语篇主人公"(MDP)实体之间的回指关系。汉英篇章中都存在或允准这么一种回指关系——尽管表现形式和程度有所不同。

本书共分八章。

第一章为绪论,其目的是:在分析篇章回指的基础上,重点描述、定义篇章视点回指;说明汉英篇章中的视点回指构造,以向读者明确本书将要研究的主要问题;简要概述既有文献中的相关研究;陈述本书的目的、基本观点和分析方法。

第二章讨论管辖与约束理论(约束原则)的内容、特点及该理论框架下有关处理长距离反身化的一系列方案(如屈折变化移位、屈折短语附接、题元等级、自我归属)和关键问题(如阻断效应、最小最大句子效应、次统制和生命性条件)及其意义,并分析了这些研究的局限性。

第三章讨论语义、语篇分析和语用学视野下对长距离回指和/或视点回指的重要研究,包括三元语篇角色观、移情方法、意识主语论、对比性/语篇凸显观、新格莱斯派语用理论(如 Horn 的二分原则、Levinson 的三分原则和三种方案、Huang 的回指理论),以及篇章回指的功能语用模式。

第四章,在文献回顾的基础上提出本书对汉英篇章中的反身代词用法进行分析的一个框架,即一条语用原则。该条原则包括篇章回指的理解准则和生成准则,外加主客观篇章领域及生命性/意识性制约条件。然后,介绍本书研究的设计、语料搜集制作和进行研究所采用的方法。"对比功能

3

分析"(CFA)是本书进行分析的主要方法。

第五、六章讨论本书采用对比功能分析法所做的语料考察。第五章讨论对汉英反身代词视点回指式的对比考察。在确定基本语料基础上提出初始假说;通过比对描述汉英(视点)回指式实例,验证或否证初始假说;再提出修正性假说,并用汉英语料中全部反身代词回指式分布统计数据加以验证。之后,针对汉英反身代词回指式的特点做出进一步分类描述和分析。

第六章讨论本书对翻译文本中汉语反身代词与其英语对等(对译)用语所做的考察。同样采取对比功能分析法进行讨论,先是确定基本语料,再提出初始假说并验证,进而提出修正性假说并验证,最后进行综合讨论。语料对比考察结果基本证实了所提出的修正性假说:叙事语篇中,汉、英语使用的回指建构手段虽有所相似,但两者间存在的不同是主要的——汉语常用反身代词建构篇章回指,英语多用普通代词建构篇章回指。通过实例对比描述,还分析了汉英篇章回指建构的不同手段背后所存在的语用动因。

在第七章,运用第四章的理论框架(语用原则)分析汉英反身代词在篇章里的回指功能解读和回指生成模式。分析证明,汉语简单反身代词的基本功能是回指篇章中的MDP(最小语篇主人公)实体,复合反身代词的作用重在凸显篇章所指实体并明示不同实体间的对比性;英语反身代词在语篇中既有视点回指作用,又有强调/凸显和对比功能。从语篇生成角度看,汉英语主要有两类涉及反身代词的篇章回指生成模式:单层回指和双层(多层)回指。总而言之,对于汉英反身代词在语篇中的回指功能和回指生成模式,本书第四章提出的语用原则(准则)能够做出合理、充分的解释。

第八章为本书的结论部分。其中总结了本书关于汉英反身代词的篇章视点回指式、汉语反身代词与其英语对译/对应用语、汉英反身代词回指功能及回指生成模式三方面的研究发现或结果,归纳了本书的理论意义和实用价值,并指出了本研究的不足之处。

项目的完成得到了许多人的帮助。没有他们慷慨帮助,本书不可能顺利面世,为此,谨表达我的谢忱。

首先,我要由衷感谢上海外国语大学许余龙教授。一直以来,许先生给予了我悉心的指教与大力支持,给予了我直接或间接的诸多帮助。比如说,早在二十余年前,我就认真拜读过他发表的"英汉远近称指示词的对译问题"(《外国语》1989 第 4 期)和"A study of referential function of demonstratives in Chinese discourse"(*Journal of Chinese Linguistics* 1987,15,1)两篇相互关联的论文。这两篇文章给我的影响极其深远,无形中助我确立了二十多年来我主要的研究兴趣——语篇分析,特别是篇章回指研究方向。

其次,我要感谢上海外国语大学《外国语》编辑部束定芳教授、吕晶晶老师、谭业升博士、郑敏宇博士,感谢广东外语外贸大学《现代外语》编辑部的各位老师与同人。多年来,尤其在本项研究的过程中,他们为我的书稿、论文质量的提高和发表花费了心血,付出了劳动,给了我不少指教、支持与帮助,使我受益匪浅。霍永寿教授还不惜牺牲自己的暑假时间,认真仔细地审核了本书初稿,令人感激。

再次,广东外语外贸大学的书稿评审专家组和上海外语教育出版社的审稿专家提出了宝贵、中肯的修改意见,极大地提升了本书的学术质量。当然,限于水平,书中肯定存在这样或那样的缺点和错误,敬请方家学者、学术界同仁、老师和同学批评指正。

本书的出版得到教育部人文社会科学研究规划基金项目(10YJA740063)和广东省"211"工程三期重点学科建设项目"全球化背景下的外国语言文学研究"的资助,谨此鸣谢。

作者
2011 年夏
于广州白云山麓
广东外语外贸大学校园

第一章

绪 论

1.1 引言

  这一章的主要内容将包括以下四个部分：首先在讨论篇章回指（anaphora）的基础上重点描述和定义篇章中的视点回指（§1.2）；接着举例说明汉英篇章中的视点回指现象（logophoricity）及其构造或构型（§1.3）；然后有针对性地对文献中的相关研究做一简要概述，以使读者初步了解有关长距离反身化和/或篇章视点回指的研究现状（§1.4）；最后说明本书的目的、基本观点和研究方法（§1.5）。

1.2 回指和视点回指

  所谓的回指指的是如下一种语言现象，即一个（往往是简约的）语言表达式用来指代同一篇章中（通常是上文出现过的、但也不排除下文的）另一个语言表达式所表达的事物或意义。前一个语言表达式称为回指语（anaphor），后一个语言表达式称为先行语（antecedent）（参看许余龙 2004：1）。Halliday & Hasan（1976）将回指描述为由回指语指向前文中的语言项的一种衔接现象（cohesion），而为回指语所指的先行语也作语篇实体（entity）理解。当回指语指向先行语且二者所指的为现实世界的同一对象（referent）时，就认定为同指（coreference）（另见 Mitkov 2002：4—5）。显然，这样的定义所描述的主要是名词性回指（nominal anaphora），未包括动词回指(verb anaphora)和副词回指(adverb anaphora)。

名词性回指(pronominal anaphora)包括由所指词语(回指语),如代词、有定名词短语、专有名词等形成的回指现象。其中,由代词构成的回指又是语篇中更常见、更重要的一类回指,包括回指语为普通代词、零代词、反身代词的回指结构式。例如,(1.1)中的代词 she 是回指语,名词短语 the Queen 是其先行语,二者同指。

(1.1) The Queen is not here yet but she is expected to arrive in the next half an hour.

(Huddleston 1984,转引自 Mitkov 2002:5)

由零代词构成的零回指在汉语中很普遍,如(1.2)中的三个零代词或零回指语都与先行语"聂郎"同指;当然英语中也有零回指(尽管不很普遍),如(1.3)的零代词回指 Mary。

(1.2) 聂郎很直爽,Φ 又能吃苦耐劳,Φ 肯帮助别人,Φ 又听母亲的话。

("望娘滩"的故事,转引自许余龙 2004:184)

(1.3) Mary had made a special effect that night but Φ was disappointed with the results.

(引自 Mitkov 2002)

由反身代词构成的回指既常见于汉语篇章中,又可见于英语篇章中:(1.4)中"自己"回指"孙小姐";(1.5)中 himself 最邻近的先行语是 his,但最终要指向 Irishman Keane。

(1.4) 孙小姐疑心(怀疑)那个人不是对照片,是在鉴赏自己。

(本书语料)

(1.5) Roy Keane, 27, still has 17 months to run on his current £ 23,000-a-week contract and wants to commit himself to United for life.

(*The Sun*, 12 Jan. 1999,转引自 Mitkov 2003:268,内容有所简化)

研究发现,由反身代词,如汉语例子(1.4)和英语例子(1.5)所示,其构成的回指是一种特定的回指现象,反身代词作为有标记的(marked)回指语,其所指是给定的,它总是倾向于指向语句或语篇内部的主人公角色(实体)。篇章中的这种语言现象在语法和语用学上专门称为"视点回指"(如

Levinson 1991, 2000; Huang 1994, 2004a; Zribi-Hertz 1989,等等)。这就是本书要着重研究探讨的问题。

篇章中"视点回指"(logophoricity)①这个概念最早源于 Hagège (1974)。Hagège (1974)最初提出"视点回指代词"(logophoric pronoun)来专门描述尼日尔—刚果语族(Niger-Congo group)语言中一种特别代词成分的词形变化(paradigm)。这一术语的用法随后泛化扩展开来,几乎涵盖了下面几种情况中的所有语言现象(Clements 1975:171—172,转引自 Reuland 2009)。

(i) 视点回指词限用于转述性语境,用以传递话语或语篇中单个个体或多个个体的语词(words)或思想(thought),而不是说话人身份的叙述者(speaker narrator)语词或思想;

(ii) 先行语或先行成分(antecedent)不与视点回指词共现于相同的转述性话语或篇章结构之中;

(iii) 先行语所表达的个体其语词或思想在视点回指代词所处的转述性话语或篇章结构中予以传达。

以上条件(i)—(ii)主要规定先行语的语篇性质;条件(iii)规定视点回指代词的主语指向特征(subject orientation)。在下面这两个例子里(埃维语 Ewe 和冰岛语 Icelandic),这些条件都已得到满足,而"成分统制"(c-command)则不是必需的。

(1.6) Kofi be yè-dzo

(Clements 1975, Sells 1987)

Kofi say Log-leave

'Kofi$_i$ said that he$_i$ left.'

(1.7) Jón$_i$ sagði [að ég hefði svikið sig$_i$]

(Thráinsson 1991)

---

① "(篇章)视点回指"用英语还可表示为 logophora (Baltin 2003, Huang 2008) 或 logophoric anaphora (Reinhart & Reuland 1991:312)。而国内见到的最早对 logophoricity 一词的汉译语为"语内传递现象"(胡建华、潘海华 2002:47)。笔者以为,这一(颇为抽象的)译文主要是出自于句法学思路,字面上跟这里的"(篇章)视点回指"相去较远,其实两者的意指应该是相关、相通的——尽管两种译法表达的内涵和视野可能有一定差距。

8

John said that I had betrayed self

如上所示,例(1.6)中的动词 be(埃维语"说")决定了主语(可以)是视点回指代词的先行语;同样,例(1.7)中的主语 Jón 更可能是视点回指代词 sig 的先行语。实际情况远比上引例子复杂得多。有些语言中的视点回指甚至限制于"言说类"(saying)动词句式,而将"思想类"(thinking)动词句式排除在外,以至于有些特殊的视点回指结构式被规定只限于涉及受话者(addressee)而不涉及说话者(speaker)(Reuland 2009)。关于视点回指或视点表达问题的详细论述见于 Sells(1987),后面将会做介绍。

Huang Yan(黄衍)(2000:172—4,2007:266—8)在前人研究基础上就视点回指给出了较为简明而不失全面的定义:

(篇章)视点回指是指这样一种现象:以特定的词汇和/或句法手段表达一个语句或语篇的"内部"主人公视点(internal protagonist's point of view),而不是当前外部说话者视点。这里的"视点"(perspective/point of view)是一个专门术语,涵盖(话语所指实体即主人公的)语词(words)、思想(thought)、认知(knowledge)、情感(emotion)、感知(perception)、空间处所(space-location)。

Huang(1994,2000,2002,2007)在跨语言调研基础上还总结指出,视点回指可由如下一种词汇形态和/或句法手段予以表达:(i)视点回指代词(如 Babungo, Mundani, Yulu 等语言);(ii)受话人视点回指代词(logophoric addressee pronoun)(如 Angas, Mapun, Tikar 等);(iii)视点回指动词词缀(logophoric verbal affix)(如 Ekpeye, Gokana, Ibibio 等);(iv)长距离反身代词(long-range reflexive)(如韩语、现代希腊语、土耳其语)。相关分析详见 Huang(1994,2000,2002,2007)的有关章节。

这就是说,这些词汇手段是可以或专门用来表达语篇内部主人公视点的,而主人公(实体)说到底需要具体编码为一定的名词短语(NP),并且以主语和/或主题名词短语为常。因此,从这个意义上讲,上述语篇(内部)主人公视点通常是体现为主语视点或主题成分视点(Kuno 1987, Huang 1994, Levinson 2000)。就汉、英语而言,按以上定义,语篇主人公的视点回指或视点表达是通过长距离反身代词(为简洁起见,在本书下面通常简称为反身代词,需要强调或在易产生误解的情况下除外)和给定的句法结构来实现的。

1.3 视点回指和汉英长距离反身代词

所指表达式一般分为代词和回指语(照应语)。回指语(anaphor,这里指反身代词)可分作两类:普遍公认的长距离回指语(如荷兰语的 zich、罗威语的 seg、意大利语的 sè 等)以及局部约束性回指语(如英语的 himself、荷兰语的 zichzelf、罗威语的 seg selv 等)。有研究(Reinhart & Reuland 1993:658)发现,复合回指语(complex anaphor)通常具有局部性(local)意义,而长距离回指语通常都是简单回指语(simplex anaphor)。原因就在于,简单回指语从内部构造看跟代词构成一类,但又区别于后者——简单回指语缺乏完整的 Φ-特征(人称、数、性)标识(Chomsky 1981, Bouchard 1984, 转引自 Reinhart & Reuland 1993)。

现代汉语"自己"无疑属于这样的长距离回指语,也就是长距离反身代词(Huang 1994:185)。所谓篇章中的视点回指或视点表达,汉语中主要就是简单反身代词"自己"的(语内)主人公指向,或者像文献中常说的"主语指向"。意思是,"自己"总是趋于选择主语(或主题)成分作先行语。对此,无论是形式主义学者使用自省语料(intuition-based data)进行的理论研究,还是语用学或功能主义学者利用语料库语料(corpus-based data)或自然语料所做的实证考察都有过论证。看几个例子:

(1.8) 约翰$_i$送给比尔$_j$自己$_{i/*j}$的书。

(Battistella & Xu 1990,原文为汉语拼音,下同)

(1.9) 张三$_i$告诉李四$_j$自己$_{i/j}$考试得了满分。

(Battistella 1989)

(1.10) 对陆刚$_i$来说,PRO$_j$让不让自己$_{i/j}$去都无所谓。

(Pan 1995)

形式语言学研究文献里这些例子中的主语或主题成分都被分析作"自己"的先行语。例(1.8)中"自己"只能选择主语"约翰"做先行语;例(1.9)中"自己"选择主语"张三"做先行语;例(1.10)中"自己"跳过空主语 PRO,选择话题"陆刚"做先行语。

许余龙(2004:201ff)的语料调查发现,"汉语篇章中反身代词的另一个特点是,它们似乎只能与小句主语/主题位置上的那个名词短语同指"。他还说,"在我们的民间故事语料中,所有17个反身代词的先行语都是小句主语/主题位置上的一个名词短语"。看该书的例子(许余龙2004:202,例子序号重编):

(1.11) a. 可是<u>明子</u>知道姑姑很势利,
   b. <u>自己</u>又穷,
   c. 所以 Ø 一直不敢提起亲事来。

                (《三根金头发》)

(1.12) a. 从前有一个手艺很好的木匠,
   b. <u>他</u>做了三十三年零三个月的工,
   c. Ø 做了九百九十九张床。
   d. 可是,<u>自己</u>却没有睡过一张像样的床。

                 (《百鸟床》)

(1.13) <u>老太婆</u>见闺女不听<u>自己</u>说,……

                 (《找姑鸟》)

值得注意的是,这几个例子中的反身代词都是"自己",其先行语都是当前小句或前一小句的主语。在例(1.11)中,句 b 主语位置上的"自己"与前一小句 a 的主语"明子"同指。在例(1.12)中,句 d 主语位置上的"自己"的先行语在前一句子中,其最近的显性先行语是句 b 的主语"他",中间相隔句 c 的零形式。例(1.13)中,"自己"跳过名词短语"闺女",指代同一句子——当前句子的主语"老太婆"(详见许余龙2004:202)。显然,这几个汉语实例中的回指现象都可以看作以上所说的视点回指或视点表达,只不过有的典型,有的不是很典型——若可以这样区分的话。

  英语同样准允反身代词如 himself 的视点回指用法(logophoric use)——尽管它不是单语素的(mono-morphemic)反身代词(Reuland 2009)。Reuland(2009)认为,英语反身代词对先行成分的语篇状态或特征的敏感性可通过以下例子的对比得到解释。例(1.14a)和例(1.14b)都是从 John 的视角出发进行描述的,而例(1.14c)是从 Mary 的角度进行描述的。

(1.14) a. **John** was furious. The picture of **himself** in the museum had been mutilated.
b. **John** was going to get even with Mary. That picture of **himself** in the paper would really annoy her, as would the other stunts he had planned.
c. *Mary was quite taken aback by the publicity **John** was receiving. That picture of **himself** in the paper had really annoyed her, and there was not much she could do about it.

(Pollard & Sag 1992)

在例(1.14a)和例(1.14b)中,himself 与前一句主语 John(也是语篇主题)同指,因而合乎语法。但例(1.14c)中 himself 的先行语是前一句的内嵌小句(embedded clause)的主语,既不是句子(主句)主语,也不是该段的主题成分,因而不合语法。

于是 Reuland (2009)指出,对反身代词真正的长距离约束(true long-distance binding)和视点回指用法之间存在的系统性差异做出(上述)这样的考虑,是很重要的。但她认为,"某种语言有可能允准回指语(反身代词)长距离约束,而不接受视点回指;与此相反的情形也可能存在"。

然而,在我们检索到的英语语料里,既有允准视点回指的例子,如例(1.15)—(1.16),也有允准非视点回指(即所谓真正的长距离约束)的例子,如例(1.17),从而未能证实上述 Reuland (2009)的后一种论点。

(1.15) **Elizabeth** laughed heartily at this picture of **herself**, and said to Colonel Fitzwilliam, …

(1.16) **Miss Cathy** shrieked and stretched out her arms as soon as **she** caught her father's face looking from the window. He descended, nearly as eager as **herself**; and …

(1.17) If, without extracting a confession from **herself**, he laid a watch, discovered the object of **her** altered regard, and threatened to reveal the whole history to Sikes unless **she** entered into his designs, could he not secure her compliance?

例(1.15)中的 herself 与同一句的主语 Elizabeth 同指。例(1.16)中,第二小句 herself 的最终先行语是前一句子的主语 Miss Cathy,尽管也跟前一个句子中从属小句的主语 she 同指。例(1.17)中,herself 与出现在下文的 her 或 unless 引介的从属小句主语 she(小说人物之一的 Nancy)同指①;两者都不是句子主语,所以这不是视点回指,但仍然是长距离反身代词的约束用法。

1.4 长距离反身化和篇章视点回指研究概述

"长距离反身化"(long-distance reflexivization)②和"视点回指"(logophoricity)这两个概念,既相互联系又有所区别。两者都是指一种长距离指代现象(anaphoric reference):前者强调反身代词可能在局部领域之外受约束(bound outside the local domain);而后者其实是前者一种具体或特定的表现形式,是指视点回指代词(logophoric pronoun)或长距离反身代词受"最小语篇(语段)主人公"(具体编码为名词性短语)的约束现象,也就是视点回指代词或长距离反身代词对"最小语篇主人公"(minimal discourse-internal protagonist——计于简便,本书后面除需加以特别强调或明确的情况外,统一简称作 MDP)实体的指代现象。就汉、英语而言,这样的视点回指或视点表达是由反身代词实现的。因此,汉英篇章(语篇)中的视点回指可以说是长距离反身化的一种主要现象。

作为回指研究的重要方面,长距离反身化和篇章视点回指是近三十年来语言学领域的热点课题,无论形式主义学派还是语用功能主义学派,都对此有过较广泛的研究。这主要是因为:其一,长距离反身化和/或视点回指,是自然语言中一种更为复杂的篇章连贯现象。这一特点引起许多研究者的兴趣。比如,汉语和日语尽管都表现出长距离反身化的阻断效应

---

① 按照功能语言学研究理论(如 Halliday & Husan 1976,1985;Halliday 1985),此例中 herself 与先行语构成的篇章回指叫做"下指"(cataphora),本书后面 §4.2.1、§7.3.1 和 §7.3.2 对此有所讨论。
② 原则上其可替换的术语为"长距离回指"抑或"长距离照应",译自英语的 long-distance/long-range anaphora。

(blocking effect),但具体性质、特点不同。其二,语言中普遍存在长距离反身化和/或视点回指现象,但各语言中表达所用的形态手段不一样。例如,许多非洲语言使用特殊的视点回指代词表示语句或语篇主人公视点,而汉语、日语、英语、德语等语言采用反身代词表达篇章中的长距离反身化或视点回指。

形式主义学派的相关研究,主要是针对标准"管辖与约束理论"(government and binding theory/GB theory)(Chomsky 1981, 1982)遇到的棘手问题——管辖语域外的长距离约束而展开的各种句法约束理论探究。这些研究沿袭乔氏经典的约束理论路线,致力于创建一些具体的理论方案或结构规则,以便解释管辖领域(governing category)之外反身代词长距离受约束的问题,如(中心至中心移动的)"屈折变化移位"(movement-to-INFL, Battistella 1989)、"屈折短语附接法"(IP conjunction, Huang & Tang 1991)、"论元结构方案"(argument structure, Reinhart & Reuland 1991, 1993)、"题元关系等级"(thematic relation hierarchy, Jackendoff 1987)、"题元等级"(thematic hierarchy, Xu 1994, 1997)、"自我归属"(self-ascription, Pan 1995, 1997)、"NP 显著性计算"(胡建华、潘海华 2002),等等。这些研究大部分局限于句子层面上的反身代词的受约束问题,并多以句法结构约束规则的建立为前提,有相当的语言学理论价值。但是,形式主义学派的研究其局限性也很明显:难于真正解决自然语言中多样化的约束或回指问题;尤其不能有效地解释和预测超句子、跨语段的长距离反身化现象——因为形式语言学研究通常不考虑词语的篇章功用。

专门针对篇章中的"视点回指"或涉及视点回指问题而进行的研究包括 Sells (1987), Kuno (1987), Zribi-Hertz (1989), Baker (1995), Culy (1997)等。这些研究已然不囿于(传统)形式语言学理论的成规,而更多是在语义、语篇分析或功能语言学研究视野下进行的。譬如,Sells (1987) "视点回指面面观"(Aspects of Logophoricity)是最早对视点回指现象所做的较系统全面的专门研究。该研究在 Kamp (1981) "语篇表征结构"(discourse representation structure)理论架构下描述了视点回指的多种形式表征结构。它引入"来源(source)、自我(self)、支点(pivot)"概念(统称"语义—语篇角色"),使之与语篇中其他特定实体关联起来,从而扩大了

Kamp 关于命题态度动词的结构表征分析范围。其研究所涉及的对象涵盖某些非洲语言(如 Mundang，Tuburi)中典型的视点回指代词以及冰岛语、日语、意大利语的长距离反身代词。

功能主义、语用学视角下对反身代词和视点回指所进行的研究，既有以非洲语言和包括英语在内的西方语言作为研究对象的，也有以汉语作为研究的语料的。在国外，具有影响力的研究主要有 Horn (1984，1989)、Levinson (1991，2000)、Huang (1994，2000，2004a，2007)等。在国内，许余龙(2004)从功能语用角度，在对自然篇章中的回指进行系统而深入探索的同时，也对汉语反身代词有所研究。此外，笔者近年来在语用学理论基础上，针对汉语反身代词和指代词在自然语篇中的用法，也做了一些有益的实证研究(如刘礼进 2007a，2007b，2008a，2008b)。语用学或功能主义视角下的这些研究，较之形式主义学派的研究，能更有效地阐释有关语言项(如反身代词)的篇章功能和语用规律，但综而观之，仍缺乏跨语言对比分析。因此，我们觉得有必要扩大语料范围，检索足量的实例，运用对比方法，进一步探讨汉英反身代词的视点回指和/或长距离回指功能特点和规律，以期获得(或建构)适用于汉英反身代词用法的统一的篇章原则或语用机制。

1.5 本书的目的、基本观点、研究方法

对已有研究的简述可见，文献中针对汉英篇章中视点回指和长距离反身化的研究很不充足，更缺乏对这种篇章回指的汉英对比研究。因此，本书的目的主要是对比考察汉英篇章中长距离反身代词的功能特点，拟从语用学角度着重探讨由其建立的篇章视点回指现象。具体而言，旨在从汉英叙事语篇文本中检索既定目标语言项(即长距离反身代词)的用法实例，自制汉—英、英—汉翻译电子语料数据(库)，由此探究汉英反身代词在篇章中的视点回指和/或长距离回指(长距离反身化)的构式特征、功能特点及回指生成结构规律。我们希望，通过考察分析，能够发现汉英篇章回指现

象的一些新的特点规律,提出一些新的思想和见解,为当代语言学理论研究的深化提供一些有益的启示和借鉴。

本研究拟围绕三个方面的问题进行考察分析,这些问题是:(i)汉英反身代词视点回指和非视点回指结构式(回指语与先行语的关联方式)具有什么样的异同性及分布特征;(ii)汉英反身代词在篇章中具有什么样的功能特点及语用动因;(iii)汉英反身代词在篇章中的回指生成模式(篇章回指的建立和维持/推进手段)的异同点是什么。

本书的基本观点有三。其一,汉英篇章视点回指构造不尽相同:汉语主要表现为篇章(主人公)视点回指,由简单反身代词"自己"构成;英语篇章视点回指由反身代词 Pr-self 构建,但不大常见,其篇章回指或许主要表现为代词化,即一般是通过由"说话者视角"驱动的普通代词来建构篇章回指的。其二,汉语复合反身代词"Pr-自己"主要用做代词的一种强化形式,其作用在于凸显篇章所指实体及其对比性。其三,作为英语篇章中的长距离反身代词,Pr-self 既可用以建立视点回指,又用于对语篇中的所指实体加以凸显/强调或比对。

我们初步考察发现,汉、英语之间这种外显差别的后面,存在着语言/语法系统和语用动因的差异。比如,汉英反身代词和代词的语篇功用区别,很可能与其语言系统本身的构造和语用动因有关。由于汉语语言系统中已备有专用于视点回指的简单反身代词,所以语句/语篇中的视点回指呈现出有标记的(marked)显性状态,这将大大减轻受话人对语篇理解的负荷。而英语语言系统中缺失专司视点回指/长距离回指之职的反身代词,所以,篇章回指关系主要由代词化手段来实现。这种代词回指手段,表面上看可能使得受话人理解话语或篇章要付出相对更多的努力,其实不然。由于英语属于规范的屈折语,词语本身的形态变化(如代词的人称、数、性变化)能明确标示各词语之间的语法关系和所指关系,因此,代词化手段不仅不会造成语篇理解困难,反而可使得语篇生成更加经济、省力。

本研究总的思路是,按照 Chesterman(1998,又见许余龙 2005,2010:§11)的"对比功能分析"(contrastive functional analysis)模式,采用理论假设和实证分析相结合、定性定量相结合的方法来考察汉英叙事语篇中反身代词的(视点)回指功能。针对形式语言学研究的相对局限性,我们将根据功能主义和语用学研究的相关理论,提出或建立本书分析的理论框架,以对汉英篇章中的长距离回指语(反身代词)的语法语用功能做出一致性解释。同时,我们也将通过对自然语篇中实例的深刻分析,反过来验证(或否证)本书将提出的理论框架——汉英长距离反身代词(篇章视点回指)语用原则的有效性和解释力。

本书的语料对比考察和分析分两部分(第五、六章)进行。其步骤和方法如下:围绕本书主题,先提出一个相当于应用语言学实验设计中"无差别假设"(null hypothesis)的"初始假设"(initial hypothesis),假定甲乙两者或两个变量(如汉英反身代词的用法)之间没有差别;然后经过初步的语料对比,发现这两者之间的差别很大,遂放弃初始假设,提出"修正性假设"(revised hypothesis);接着,再进行语料统计分析,对修正的假设加以验证;最后,经过充分的实例描述,对既定的相关问题和论点进行分析论证。

我们的语料来自近现代经典或名家汉、英语小说。汉语小说或文学名著包括《围城》、《骆驼祥子》、《二马》、《林家铺子》、《春蚕》、《中国现代名家短篇小说选》(部分内容)、《鲁迅小说选》(大部分内容)及其英译本。英语小说名著包括 Pride and Prejudice, Gone with the Wind, Oliver Twist, Wuthering Heights 及其汉译本。我们从中检索并制作了共2534个语料实例(其中,汉英原文小说语料例子815条、汉—英翻译/对比例子814条、英—汉翻译/对比例子905条——详见§4.3.2),用于分析汉英反身代词和指代词的回指功能特点和语用规律。这些语料实例均为叙事性文本,因为,小说中的叙事语篇是更典型的转述性或报告性话语(reported speech),这些间接性或自由间接性言语最能揭示反身代词的视点回指/长距离回指的特点规律;而且,按前述有关的定义,这些也是更符合视点回指或视点表达的语篇环境。我们把这些材料两相对应输入电脑,分别制作成三个小型语料数据库——汉英原语文本语料、汉译英对比语料、英译汉对比语料,将语料中出现的汉英反身代词和先行语以及各自译出语的对应成分或内容用凸显法(划底线并加粗字体)标示出来,以便对语料中的反身代词与指代词等相关词语在语篇中的视点回指/长距离回指用法进行穷尽性对比分析。

需要说明的是,由于英语小说语料中所能检索到的长距离反身代词例子十分有限,导致汉英反身代词的小说原文语料实例数量很不平衡,从而使本书的分析侧重于汉语反身代词的用法。另外,我们的英译汉语料是围绕汉语反身代词,通过由汉译文本"回索"英语原文获得的,因此,制作成的仍是以汉语简单反身代词"自己"为目标的语料实例(少数为复合反身代词"Pr-自己"的用法实例)。具体做法是,先检索英语小说汉译本中带有汉语反身代词的语篇文本,再拿这些文本做参照,检索英语原文小说中相对应的文本内容。结果显示,汉译文中出现的反身代词在对应的英语原文里大多不是反身代词,而是译自于别的指述词语或限定性成分,如代词、零形式甚至冠词等等——这正是由汉英叙事语篇中长距离反身代词的功用差异造成的后果。

1.6 小结

本书是对汉英反身代词的视点回指和/或长距离回指的专题考察。在本章"绪论"中,我们首先在讨论篇章中更广泛存在着的回指现象的基础上着重描述、定义了篇章中的视点回指;然后举例说明了汉英篇章中的视点回指及其构造,以向读者显示本书将要研究的主要问题;接下来我们有针对性地对文献中的相关研究做了简要概述,以让读者对长距离反身化和/或篇章视点回指研究现状有个初步的了解;最后陈述本书的目的、基本观点和研究方法。

第二章将讨论管辖与约束理论(约束原则)的内容、特点及该理论框架下有关处理长距离反身化的一系列方案和关键问题。

第二章

长距离反身化

2.1 引言

这一章要讨论语言中的约束现象(binding),着重回顾和分析"管辖与约束理论"(简称"管约理论")(government and binding theory)框架下对长距离反身化(long-distance reflexivization)的研究。从管约理论意义上讲,所谓长距离反身化或长距离约束,大抵指的是反身代词可能在局部语域(local domain)之外受约束的现象。

语言中的长距离反身化一直备受关注,研究中所涉及的语言主要是汉语、冰岛语、意大利语等。近二十余年以来,长距离反身化成了句法学和语用学理论建设的研究焦点(如 Kuno 1987;Sells 1987;Battistella 1989;Battistella & Xu 1990;Tang 1989;Zribi-Hertz 1989;Huang & Tang 1991;Koster & Reuland 1991;Levinson 1991,2000;Pollard & Sag 1992;Reulang & Koster 1991;Reinhart & Reuland 1993;L. Xu 1993,1994;Pan 1995,1997;Huang 1991,1994,2000,2007)。对于生成语法的"原则与参数"(P&P)理论的各种假说,对于句法与语用接口(interface)及其分工(division of labor)的研究假说,长距离反身化现象具有特别有效的验证作用(参看 Huang 1994)。

长距离反身化,尽管通常显示有受特定语言限制的倾向,但仍然表现出一些跨语言的区别性特点。主要是:(i)允准先行成分出现在(局部)管辖领域之外;(ii)只允准主语做先行语;(iii)反身代词通常形态上是单形式的或简单式的;(iv)不存在代词同长距离反身代词之间的互补分布(Reuland & Kosker 1991:10,Reinhart & Reuland 1991:284)。由此看来,汉语或可被视为一种典型的"长距离反身化"语言(Huang 1994：76)①。总的来看,任何长距离反身化理论都须要解决四个问题:(i)要确定/规定先行语所在的语域(domain);(ii)要确立既定语域中的可能先行语;(iii)要解决从多个可能先行成分中选择先行语的问题;(iv)要对使用长距离反身代词的动因做出解释,因为反身代词可用之处通常也可使用代词(见 Huang 1994：75ff)。

除 2.1 节"引言"外,这一章还有下述的内容:2.2 节概述关于照应约束的经典假说;2.3 节简析汉、英语反身代词的基本用法,以揭示标准约束原则的局限性;2.4 节回顾、讨论管约理论框架下几种对长距离反身化的解决方案;2.5 节对本章内容进行小结。

2.2 标准管约理论的约束假说

Chomsky (1981, 1982, 1986a, 1986b)的标准管约理论主要包括约束 A、B 两条原则或条件(参看 Haegeman 1994：223,又见刘礼进 2007a：135)。

约束理论二原则:
A. 照应语在局部语域(管辖域)之内必须受约束②;
B. 代词在局部语域(管辖域)之内必须不受约束。

约束的定义:
当且仅当 α "成分统制"(c-command) β,且 α 和 β 同标(coindexed),则 α 约束 β。

管辖领域(governing category)**的定义:**
当且仅当 α 系包含 β 的最小管辖域(minimal category)、β 的管辖者,

---

① 颇有趣味的是,Huang (1982)曾认为,汉语中不可能存在长距离反身化现象(参看 Huang 1994)。
② 在本研究中,标准约束理论或句法约束意义上所说的 anaphor 一般译为"照应语",更广意义上或非句法意义上的 anaphor 通常表述为"回指语"。

并且是可通达β的"主语"(subject),则α是β的管辖域。

成分统制的定义:

节点A成分统制节点B,当且仅当:(i)节点A不支配(dominate)节点B;(ii)节点B不支配节点A;(iii)支配节点A的第一分枝也支配节点B(见Haegeman 1994:209)。

相关节点之间的"成分统制"关系可具体图示如下:

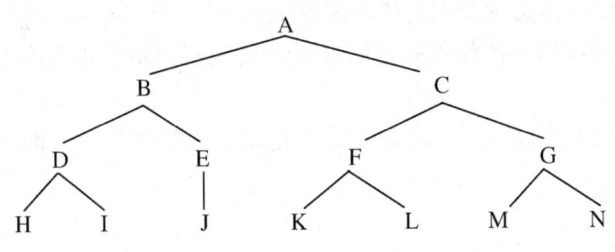

图2.1 "成分统制"示意图

从上图可以看到:

B成分统制C及被C支配的所有节点;

C成分统制B及被B支配的所有节点;

D成分统制E及J,但不成分统制C,或被C支配的任何节点;

H(只)成分统制I,但不统制其他节点。(见Mitkov 2002:58)

另外,Haegeman(1994:221ff)根据Chomsky(1982:78ff)关于需要重新考虑界定三种NP(名词短语)的主张,认为像N、V、P、A(名词、动词、介词、形容词)这些句法上的语类,应代之以范畴特征矩阵(feature matrix)来表示。例如,N可分析为包含[+N]和[-V]这两个特征。因此,约束理论可以用特征形式重新予以描述。

按照范畴特征表述的约束理论如下:

A原则:带有[+照应语]([+anaphor])特征的名词短语(NP)必须在管辖域内受约束;

B原则:带有[+代词]([+pronominal])特征的名词短语必须在管辖域内不受约束。

这样的重新描述其实同原约束理论并无本质上的差异。在管约理论中,照应语(即反身代词和相互代词)受约束 A 原则制约;而约束 A 原则的用处是说明或规定在恰当界定的最小句法语域内反身代词(和相互代词)必须与适当界定的统制关系中的论元成分同标(coindexed)或同指(coreferential)的条件。因而,上述约束 A 原则,实际上可衍推出如下的命题(Pollard & Sag 1992,Zribi-Hertz 1989,转引自 Huang 1994:79):

(i) 照应语必须有(同见于)同一小句内的先行语;
(ii) 照应语必须受先行语的成分统制;
(iii) 照应语不能使得先行语分裂(即,先行语不能由两个并列的名成分组成)。

下一节,我们将观察、讨论管约理论对汉、英语反身代词用法的预测力度。

汉英反身代词与约束论

先看英语反身代词的用法。如上所说,根据标准管约理论之约束论(即约束原则),满足反身代词受约束的关键条件为:成分统制、管辖域(最小领域)、可通达主语(主语条件)。举例如下(其中 $GC\text{-}\alpha$ 标示 α 的管辖域,底线标示约束关系):

(2.1) a. John expected [$_{GC\text{-}himself/him}$ the queen to invite him/*himself for a drink].
b. [$_{GC\text{-}himself/him}$ John expected [$_{IP}$ himself/*him to be able to invite the queen]].

(Reuland 2009)

例(2.1)标明了主语条件,管辖域就是 α(himself)的最邻近主语的语域。对 him/himself 而言,例(2.1a)中的最小领域/可通达主语为 the queen,因而不受约束的 him 合乎语法,himself 不合语法;例(2.1b)中的最小领域/可通达主语为 John,因而 himself 合乎语法,him 不合语法。

反身代词与代词除了使用的语域(管辖域)环境不同之外,还有一点区别,即反身代词不得允准分裂的先行语(split antecedent)①,而代词允准。例如,下面例(2.2a)中的 them 可以同时指代主语 John 和间接宾语 the girls(分裂的先行语),而例(2.2b)中的 themselves 往往只能以 the girls 作为先行语。

(2.2) a. John talked to the girls about them.
b. John talked to the girls about themselves.

限定小句(finite clause)是其主要论元(argument)的管辖域,其中,反身代词受小句内的成分统制性先行语即主语的约束,如例(2.3)和例(2.4)。而带有属格短语的名词性短语是它包含的任何其他宾语的管辖域,如例(2.5):Elitza 为宾语性名词短语的主语,统制 herself;后者又是管辖者 of 的宾语。

(2.3) [John hurt himself].

(2.4) George thinks that [John hurt himself].

(2.5) John admires [Elitza's picture of herself].

但是,试看以下例子(引自 Reuland 2009,用词略有改动):

(2.6) They expected that pictures of themselves would be on sale.

(2.7) John expected the queen to invite Mary and himself for drink.

(2.8) John saw a snake behind him/himself.

学术界一般认为,以上这些属于例外的例子,不符合约束论的预测,也就是说约束原则管不住这样的例子。这种反身代词在局部领域之外受约束的现象,应该就是所谓的长距离反身化或长距离约束现象。

汉语反身代词(包括简单式和复合式反身代词)的用法,有的跟英语反身代词用法平行。譬如说,仿照以上 ECM(例外格标记)结构如例(2.7)、

---

① 然而,Zribi-Hertz (1989:720) 又提出了不同的、非严格的分析,亦即在给定语境中通过词汇选择可以改善分裂成分作反身代词的先行语的接受度。试观察、比较(ia)和(ib)的差异:

(i) a. ?* John$_i$ **spoke** to Mary$_j$ about themselves$_{i/j}$ b. John$_i$ **whispered secret things** to Mary$_j$ about themselves$_{i/j}$.

小句内共同论元结构或曰基本 SVO 结构如例(2.3)—(2.4)等所生成的句子,大多都遵守约束原则或条件。例如:

(2.9) a. 张三想要(让)*他/自己(他自己)邀请主席。
b. 张三想要(让)主席邀请他/自己(??他自己)。

(2.10) 张三伤了自己(他自己)。

(2.11) 张三和李四不喜欢*自己/??他们自己。

在(2.9a)中,"他/自己(他自己)"的局部领域为主语"张三",故"自己(他自己)"合乎语法,"他"不合乎语法。例(2.9b)中,局部领域为"主席",因而"他"合乎语法,"他自己"不大合乎语法,但"自己"却合乎语法,即我们通常可以说出"张三想要(希望)主席邀请自己"("自己"与"张三"同指)这样的句子。例(2.10)完全对应于英语句子(2.3),其合格性不在话下。例(2.11)是分裂的名词短语作先行语,与英语相似,汉语反身代词对分裂先行语也很受限制:(2.11)中的"自己"难以接受,"他们自己"的可接受度也不够高,必须慎用。

此外,我们同样可以根据英语句子例(2.6)—(2.8),用汉语造出相同或相似的照应语受约束的句子。

(2.12) 张三希望主席邀请李四和自己共进晚餐。

(2.13) 张三希望自己的画像/照片能卖个好价钱。

(2.14) 张三发现一条长虫在自己的身后。

这些语句中超出管辖域之外的长距离反身代词都不必遵守"约束条件/原则"的限制。更有甚者,对语篇中超越多个句子的反身代词的用法,如例(1.6)—(1.7)、例(1.9)、例(1.11)—(1.12)等例子,约束理论更是无法预测。即使对于局部语域的反身代词,约束理论的 A、B 二原则也难以做出充分的预测和解释。比如,汉语句子中宾语论元领属格(修饰语)位置上的代词和反身代词的用法,就给约束原则带来不少困难(见刘礼进 2007a:135—136)。

(2.15) a. 孩子们$_i$喜欢[$_{NP}$他们$_{i/j}$的伙伴]。
b. 孩子们$_i$喜欢[$_{NP}$自己$_i$的伙伴]。

例(2.15a)定语位置上的"他们"既有反身代词的功用(相当于句b,受"孩子们"约束),也可能纯粹用作普通代词(领有格),按B原则理解为不受约束(如j标)。这种情况约束理论似乎难于解释。但是,Chomsky (1986a:177)对约束论的"轻微修改"或是个可行办法:一个NP的约束语域乃包含管辖者和主语在内的语域,其中NP能满足约束条件。也就是,某个NP的约束语域可因普通代词或反身代词的出现而变化,其目的只有一个,就是满足"约束条件"。

先看例(2.15a),其中代词的可能约束领域是方括号内的NP,包含管辖者(即中心语"伙伴")和主语(即[Spec, NP]中指示语/限定语位置上的"他们")。因此,"他们"在这个NP约束范围内不受约束,但允许受最小领域之外的成分约束。例(2.15b)的情况不同。例(2.15b)若也按例(2.15a)那样界定约束语域,约束A原则就无法满足。因为"自己的伙伴"之中没有可约束"自己"的成分(不用说,照应语不能约束它自己),故必须把约束领域扩大到整个句子才能适用于约束A原则。如此看来,Chomsky的修改方案似乎解释了为什么反身代词和代词都能出现在[Spec, NP]结构中Spec位置上并带上同类型同标(co-indexation)。

其实,这样的解释方案严格地说还是不能令人满意。首先,例(2.15)中反身性和代词性领有格在[Spec, NP]中占据相同句位并带同类同指下标,但约束领域却不同。这显然不大合理,有悖语法的刚性特点。其次,二者所适用的原则不一样,处于Spec位置的反身代词与代词依然分别受A、B二原则的制约,却不构成语义上的对立。再次,代词可在语句内(局部)受约束或不受约束,但何时该解读为受约束、何时解读为不受约束是约束原则所解决不了的①。

以上讨论说明,对于汉英反身代词,包括局部领域之外的论元位置上的反身代词,只能从语用功能角度才可给予更为充分的诠释。

我们知道,汉语有二元反身代词——简单式反身代词"自己"和复合式反身代词"Pr-自己"(Pr表示代词),而英语只有一元反身代词"Pr-self"(Pr表示宾格代词),没有简单式。一般认为,较之英语反身代词相对有限的长

---

① 另参看许余龙(2004:293ff)对代词和反身代词用法的对比分析。

距离用法,汉语反身代词(以"自己"为常)的长距离用法要广泛得多。

如上所言,面对长距离反身化现象,许多形式语言学者在管约理论基础上做了有价值的探索,或对有关约束领域进行扩充、重新界定,或给理论本身加入语义功能成分,以图为它做出更合理的阐析。下一节,我们将简述、讨论句法学者在管约理论框架下就反身代词"自己"长距离用法提出的各种处理方案或策略,因为它一直是大多数研究者对汉语长距离反身化进行研究的核心所在——不消说,它也是本书的主要着力点。

2.4 几项改进的管约理论策略及其缺憾

长距离反身化对约束理论造成的问题主要表现在两个方面。第一个,也是更重要的问题是,约束 A 原则硬性规定的局部性条件(locality requirement)已被违背,即先行语原则上讲可无限地远离反身代词。第二个问题是,约束 A 原则给予选择先行语的自由度过大,因而难以坚持主语指向性(subject orientation)分析法(Huang 1994:79)。围绕这两个问题,形式主义学者在管约理论框架下提出了不少关于长距离反身化的解决方案或策略。下面我们择要讨论一些相关的研究理论。

2.4.1 屈折变化移位法

Battistella(1989)根据 Chomsky(1986a)和 Lebeaux(1983)的意见,提出了分析汉语反身代词"自己"受约束的一个方法,叫做"屈折变化移位方案"(movement-to-INFL framework)。Battistella 主张,汉语反身化应从逻辑形式(logical form)层面移位加以分析。按照这一方法,简单反身代词(为 X^0 语类)在逻辑形式层面移入屈折变化(INFL)位置;而复合反身代词"Pr-自己"(为 XP 语类)是在逻辑形式层面经过 Chomsky 的"附接法"(adjunction)移到 VP(动词短语)位置。这两种情况下的移位均留下语迹(用 e 表示),如下面两个例子所示。

(2.16) a. 张三批评了自己。(原文为汉语拼音,措词略有改动,下同)
　　　 b. [张三 自己-INFL 批评了 e]

(2.17) a. 张三批评了他自己。
　　　 b. [张三 INFL 他自己-批评了 e]

这样一来,所谓长距离约束就被视作是由"自己"从屈折变化位置至屈折变化位置,即从中心语至中心语(head-to-head)循环移动的结果。"自己"通过"中心至中心"移位将由表层结构,如例(2.18a),生成逻辑形式结构,如例(2.18b)—(2.18d)(见 Battistella 1989:99)。

(2.18) a. [NP INFL ... [NP INFL ... [NP INFL V 自己]]]
　　　 b. [NP INFL ... [NP INFL ... [NP 自己-INFL V e]]]
　　　 c. [NP INFL ... [NP 自己-INFL ... [NP e-INFL V e]]]
　　　 d. [NP 自己-INFL ... [NP e-INFL ... [NP e-INFL V e]]]

用一个具体例子加以说明:

(2.19) a. 小张$_1$认为小李$_2$怀疑小王$_3$看不起自己$_{1/2/3}$。
　　　 b. [小张 INFL 认为 [小李 INFL 怀疑 [小王 自己-INFL V e]]]
　　　 c. [小张 INFL 认为 [小李 自己-INFL 怀疑 [NP e-INFL V e]]]
　　　 d. [小张 自己-INFL 认为 [小李 e-INFL 怀疑 [NP e-INFL V e]]]

如上所示,"自己"经历逻辑形式移位,先从最底层小句宾语位置移入该小句的屈折变化位置;接下来,从最底层小句的屈折变化位置移至中间层小句屈折变化位置;最后,从那里移至母句(主句)屈折变化位置。按 Battistella 的观点,反身代词"自己"只是在逻辑形式层面(而不在表层结构)以某种类似于汉语中 wh-算子(wh-operator)的运行方式来进行推导的。Battistella (1989)接受 Chomsky (1986a:175)提出的约束条件适用于逻辑形式的假说,认为像例(2.19)中的"自己",可按约束 A 原则对其做出在逻辑形式层面在管辖域之内受约束的预测。

屈折变化移位,从理论上看是一种可行而有趣的方法。但它有不少缺憾。譬如,Huang (1994:103)总结了这一方案的几大问题:其一,它不恰当地排除了"自己"可受非主语成分约束的情况,如例(2.20)。其次,它要面临另一个现实的挑战:"自己"可受非论元先行成分(A'-antecedent),如"话题—评论"结构中的话题(主题)及关系小句中心名词的约束,如例(2.21)。

(2.20) 小明$_1$问小华$_2$自己$_2$会不会英语。

(2.21) 小明$_1$嘴巴管不住自己$_1$，Ø$_1$舌头也管不住自己$_1$。

在本书的语料中，我们检索到一个类似于并远比例(2.20)复杂的例子。试比较(其中"自己"的先行语"这汉子"为非主语成分)：

(2.22) 辛楣$_1$不答应，方李顾三人$_2$也参加吵嘴，骂这汉子$_3$蛮横，自己$_3$占了坐位，还把米袋妨碍人家，既然不许人家坐米袋，自己$_3$快把位子让出来。

还有，"自己"(或其语迹)跟先行语之间的 Φ-特征(人称、性、数特征)的一致性条件会给该方案带来推导困境。在这一分析过程中，反身代词"自己"(或其移位后的语迹)持有在深层结构获得的人称特征，被视作在逻辑形式层面与屈折变化的一致性合并。在由表层结构向逻辑形式推导中，一致性跟小句主语之间的同标匹配，由一致性核查规则实现。若一个或多个主语与一致性(AGR)或语迹之间的特征配对条件不满足，则"自己"的长距离约束将被阻断(blocked)。然而，学术界普遍接受的观点是，汉语不存在一致性特征，尽管这一分析法预先假定汉语具有屈折变化的一致性匹配现象。而按照 Battistella 的观点，可以认为或假定汉语的一致性在形态上表现为零形式(morphologically null)。但是，这样的"出路"难以处理如下的控制性结构(见 Huang 1994：103ff)：

(2.23) 小明$_1$请求姐姐$_2$Ø$_2$不要责怪自己$_{1/2}$了。

总而言之，在屈折变化移位方案下，先行语选择的问题并未得到很好的解决。根据这一方案，对先行语的选择将取决于反身代词在逻辑形式层面循环移位的结果，而"从屈折变位至屈折变位"的连续移位意味着任何占统制地位的主语都可能成为潜在的约束者(binder)。这样的后果表明，反身代词"自己"的先行语选择问题实际上是悬而未决的。

2.4.2 屈折短语附接法

接下来介绍 Huang & Tang (1991) 提出的"屈折短语附接法"(IP-adjunction)。基于西方学者(如 Aoun 1985；Barss 1986；Chomsky 1981，1982)对英语反身代词所做的重构(reconstruction)或连接效应(connectivity effect)分析,如例(2.24)—(2.25),Huang & Tang(1991)认为,汉语"自己"的长距离约束用法,如例(2.26)—(2.27),本质上看跟英语情况相同,区别只在较之于表层结构受约束的himself,"自己"的长距离约束是经过逻辑形式层面上移位实现的(比较上述Battistella的分析)。

(2.24) a. John said that Bill criticized himself.
b. John said that, himself, Bill criticized.

(2.25) a. John knows that Bill likes pictures of himself.
b. John knows that, pictures of himself, Bill likes.
c. Pictures of himself, John knows that Bill likes.

(2.26) 张三$_1$说李四$_2$常批评自己$_{1/2}$。

(2.27) a. 张三$_1$说[李四$_2$常批评自己$_2$]。
b. 张三$_1$说[自己$_1$[李四$_2$常批评 t$_1$]]。

上述例子来自Huang & Tang(1991)。在例(2.24)—(2.25)中,反身代词在句法上可经历提升移位,因为约束理论适用于这些表层结构。在例(2.24a)和(2.25a)中,himself必须以Bill作为先行语;在例(2.24b)、(2.25b)和(2.25c)中,himself既能以John又能以Bill作为先行语。相比而言,汉语例子(2.26)可分析为(2.27a—b)在逻辑形式层面上反身代词有移位发生;因而例(2.26)的歧义解读在例(2.27)中的逻辑形式表达上便没有了歧解。但两种情况下"自己"均受局部先行语约束。Huang & Tang(1991:273)由此指出,虽然他们这一方案类似于Battistella(1989)的屈折变化移位法——两种方案下局部性约束都由"自己"在逻辑形式层面连续移位来实现——但他们所说的逻辑形式移位属于非论元移位(A'-movement)(不是从中心语至中心语的移位);而这,就是所谓的屈折短语附接(提升)移位。

这一推导机制的宗旨在于坚持认为长距离受约束的"自己"具有局部性质。根据这种观点,名词短语只有具备了Φ-特征(人称、性、数特征)才具备所指功能,复合反身代词"Pr-自己"仅缺失内在所指性(inherent reference);而简单反身代词"自己"还缺失内在的Φ-特征,因此是个"双重照应语"(double anaphor)(Huang & Tang 1991:275),并且也是他们认为照应性最强(most anaphoric)的指代成分。

为了更清楚地了解该方案对"自己"的处理,现将例(2.26)重新编号为(2.28)来说明他们的分析。

(2.28) 张三说李四常批评自己。

设:$\varphi(i)$、$\varphi(j)$等代表 φ-特征混合体(如第三人称、阳性、单数),R(1)、R(2)等表示个体的所指标记。而"自己"在表层结构衍生之前,没有允准的 φ-标记和 R-标记,表示为零标记。例如:

(2.29) 张三$_{(\varphi(i), R(1))}$说李四$_{(\varphi(i), R(2))}$常批评自己$_{(\varphi(0), R(0))}$。

但"张三"和"李四"都具有内在的 φ-特征和 R-特征。在这个例子中,"张、李"具备相同的 φ-特征(第三人称单数),故 φ-标记相同:$(\varphi(i))$。在逻辑形式层面,带 φ-标记的"自己$_{(\varphi(i), R(0))}$"可附接到屈折短语位置。若不发生移位,那么,若约束理论在逻辑形式层面运作生效,则(2.28)中"自己"将被指派以"李四"的 R-标记(R2):

(2.30) [张三$_{(i,1)}$说[李四$_{(i,2)}$常批评自己$_{(i,2)}$]]。

若"自己$_{(i,0)}$"在逻辑形式层面执行屈折短语附接操作,则例(2.28)的逻辑形式结构就为例(2.31)或例(2.32):

(2.31) [张三$_{(i,1)}$说[$_{IP}$自己$_{(i,0)}$[$_{IP}$李四$_{(i,2)}$常批评 t$_{(i,0)}$]]]。

(2.32) [$_{IP}$自己$_{(i,0)}$[$_{IP}$张三$_{(i,1)}$说[$_{IP}$t$_{(i,0)}$[$_{IP}$李四$_{(i,2)}$常批评 t$_{(i,0)}$]]]]。

然后,在逻辑形式层面再执行约束 A 原则操作,那么例(2.31)中的"自己"则既可赋予"张三"的 R 标记,也可赋予"李四"的 R 标记,比如标为(i,1)或(i,2)。前一种情况下,处于屈折短语(IP)附接位置上的"自己"按约束 A 原则在管辖域之内受约束;后一种情况下,用 Barss(1986,转引自 Huang & Tang 1991:276)的话说,叫做"受'李四'语链约束"(chain-bound)。例(2.32)的结构中"自己"的 R 标记也可按相似的方法指派给"张三$_{(i,1)}$"或"李四$_{(i,2)}$",并且在两种情况下"自己"都受语链约束,具体被看作受"最小语链可达性先行语"(minimally chain-accessible antecedent)的约束。

这样的分析从理论上看十分精彩有趣,可谓环环相扣,不失严谨。问题是,其涉及的人为性或主观性程度较高,距离经验实际较远,因而这一方法于事无补,难以真正解决问题。

首先,从两位学者自己的论析中可以看出,屈折短语(IP)附接(移位)法自含矛盾。他们一方面认为"自己"的照应性最强,因而,经过 A'-移位(即 IP 附接)而获得长距离反身代词的局部特征;另一方面又认为,这种循环移位不受制于先行语的管辖,并且不假设逻辑形式(logical form)移位会(直接)导致"主语指向"的后果。这样的论断让人很难接受。既然认定"自己"是长距离反身代词,那它的主要特点就是长距离受约束,而不应该是局部受约束。它在逻辑形式上运行屈折短语附接(移位)以推导出主语作先行语的结果,正是其主语指向性使然。否则,如果不考虑主语指向条件,反身代词就没有理由在逻辑形式层面被执行这样的提升移位。其实,主语指向性被许多学者认为是反身代词"自己"的重要功能特点。

其次,经验和语言实际不支持屈折短语附接法对"自己"所做出的局部性受约束和长距离受约束的两可分析。真实语篇中名词语的所指是唯一的,反身代词指代的对象也是唯一的,并无歧义可言。例如:

(2.33) 苏小姐$_1$知道他$_2$在看自己$_1$。①

(2.34) 方鸿渐$_1$想这是唐晓芙$_2$害自己$_1$的。

(2.35) 鸿渐$_1$诧异,这姓赵的$_2$怎知道自己$_1$……

类似这样的例子有很多。这些句子结构跟例(2.28)的结构没有任何区别,而且其中"自己"都做宾语,但它没有理解为局部受约束的可能。这证明"自己"表现在句法上的特征主要是长距离反身化,而不是局部性受约束。

最后,逻辑形式层面上的移位解释不了语篇层面上的反身代词。例如:

(2.36) 孙强$_1$说手握方向盘时的韩寒$_2$很冷静也很果断。对自己$_1$也很义气,比如说他$_1$现在开的这辆别克君威,是韩寒$_2$拥有的四辆轿车之一;而据孙强$_1$开玩笑说韩寒$_2$买这个车是因为自己$_1$喜欢开。

(《南都周刊》2009.10.31. 注:孙是韩的赛车搭档或副手)

---

① 凡来自本研究语料的例子均不一一注明出处,语料的来源在书后用附录统一列明(见附录 I)。

要处理上例那样的跨语句长距离反身化(约束)现象,上述逻辑形式层面上的屈折短语附接法,乃至其他或许更为成功的结构性约束分析法,如"论元结构方案"(argument structure)①,即使无限延伸或拓宽开来也显得力有未逮。再则,从作者(叙事者)角度讲,他在使用反身代词建构篇章连贯时,显然也不大可能从更为深层、复杂的逻辑形式层面上的移位来加以考虑或把握。

2.4.3 题元等级

再看"题元等级"论(L. Xu 1994,徐列炯 1997)对"自己"的处理分析。

针对经典约束理论的局限性,徐烈炯(1997)认为,约束原则不能完全应付汉语反身代词用法事实。徐先生(L. Xu 1994)曾经提出的办法是用"题元等级"(thematic hierarchy)来处理(汉语)反身代词。他的"题元等级"如下:

施事(agent)＞＞经事(experiencer)＞＞客体(theme)＞＞受事(patient)

徐烈炯(1994,1997)指出,施事和经事是首选的先行语,题元等级论能说明许多其他理论不能说明的现象,如下列例句。

---

① Reinhart & Reuland (1991)的"论元结构方案"被认为是更成功的约束论分析法(如 Hamilton 2008)。这一方法假定论元格位上的 SE 类照应语(即简单反身代词)与 AGR/I(一致性)紧密关联,前者从后者那里获得 Φ-特征,以便实现长距离约束。具体推导也是假设为逻辑层面上的移位操作,如以下的罗威语例句所示:

(i) Jon$_i$ had oss snakke om seg$_i$. 英语释义:Jon$_i$ asked us to talk about SE$_i$.

(i)的结构如下(原文为树图式):[IP [NP$_j$ I' [V$_m$/I$_j$/SE$_j$/V$_s$/I$_i$ VP [t$_m$ NP$_i$ IP [PRO$_i$ I' [t$_i$ VP [t$_s$... t$_j$]]]]]]]。

先假定 SE$_j$/V$_s$ 移至 I$_i$ 且在那儿合并,然后 SE$_j$/V$_s$/I$_i$ 移到 V$_m$ 位置,再与 V$_m$ 合并,最后 SE$_j$/V$_s$/I$_i$/V$_m$ 移至 I$_j$。在那里带 SE-标记的动词跟 I$_j$ 合并,SE 遂从后者获得 Φ-特征(详见 Reinhart & Reuland 1991:301—304)。有趣的是,SE(照应语)逐级移位时要合并且携带所有位置上的成分一同提升至 I$_j$,但最终只为论元格位上的 SE 获得 Φ-特征而得到解读。该文没有涉及汉语反身代词。如上所说,这一论元结构分析法不能处理汉语长距离反身化。还有,按该方案预测,SE 类照应语和 SELF 类照应语(即复合反身代词)呈互补分布,因为 SELF-照应语制于 A 原则,而 SE-照应语受制于 B 原则。这点也不适合汉语"Pr-自己"和"自己"的用法。

(2.37) 好东西都被他₁拿到了自己₁的屋里。

(2.38) 李先生₁的阴谋反而害了自己₁。

(2.39) 这件事告诉他₁自己₁以前的想法不一定对。

(2.40) 通过这件事他₁认识到自己₁以前的想法不一定对。

(2.41) ？为了自己₁的利益，谁也阻挡不了他₁。(句首问号"？"为本书作者所加)

按题元等级分析,在例(2.37)中,"他"不是主语,但可以是施事,因此是"自己"的合法先行语。在例(2.38)中,"李先生"做"自己"的先行语的理由是,"李先生"是施事或间接施事(即制造阴谋的人)。在例(2.39)中,主语是"这件事",不能与"自己"同指,于是间接宾语"他"与"自己"同指,因为例(2.39)可解释为例(2.40)——只不过例(2.40)的"他"是直接经事,而例(2.39)的"他"是间接经事。在例(2.41)中,"自己"和"他"共指并且"自己"位于前面,其中动词"阻挡"没有给"他"指派一个施事角色,但"他"从语义上讲是个间接施事。

笔者觉得,这样的分析看上去虽蛮有道理,但并不是没有问题。先看例(2.38),即使可把"李先生"视作间接施事,但如果把"阴谋"改成"傲慢",说成"李先生的傲慢反而害了自己",恐怕就不能用间接施事来解释说"李先生制造傲慢"(刘礼进 2007b)。这说明"间接施事"分析法的不确定性较大。

把例(2.39)解释为例(2.40)基本没问题,但是将这两句的"他"分别界定为"直接经事/间接经事"是否可靠就是个问题了。亦即,将主语位置上的"他"分析为直接经事,而将宾语位置上的"他"分析为间接经事不一定牢靠。若肯定这种分析,那么例(2.37)中做介词"被"的宾语的"他"是直接经事还是间接经事？按此类推应是间接经事。可是,若将介词"被"引入(表示)的施事定义为间接施事,是不恰当的,因为主动、被动句子在深层结构上讲没有区别。正如徐先生自己承认的,"题元等级"的缺点是难以对各种题元下精确的定义,而且还不得不承认主语的概念在反身代词约束中起一定的作用(徐烈炯 1997)。

最后看例(2.41)。笔者认为,代词"他"因处于宾语位置不能支配前面

的"自己",就是说,这句话是个不大符合逻辑的病句。正确的说法应如下述:

(2.42) 为了自己₁的利益,他₁什么也不顾/不顾一切(不顾任何阻挡)。

如例(2.42)所示,反身代词位于前头的从属短语中,形成下指,"自己"必须与句子主语同指,否则将不合乎语法(刘礼进 2007b)。

许余龙(2000,转引自许余龙 2004:311—315)就上引徐烈炯(1997)这个例句(2.41)做了一次深度考察。他说,这样的句子通常总是用于某一语境当中,而不会孤立地使用。他认为,功能语言学者"总是试图将句子放在语篇的上下文中来分析其结构与意义",因而,通常在句子前面另有一个表示句子主题的名词短语,如例(2.43)。为了验证徐文例句(2.41)和以下(2.43)两个句子的可接受度的差异,许余龙(2000,转引自许余龙 2004)曾进行了一项小型问卷调查,结果表明,受调查者绝大多数认为例(2.41)不能接受或勉强可接受,而绝大多数认为例(2.43)完全可以接受或勉强可以接受。

(2.43) 阿贵₁这个人,为了自己₁的利益,谁也阻挡不了他₁。

许余龙先生这一调查至少证明,主题成分"阿贵这个人"的增加确实大大提高了句子的可接受度,主题性在篇章回指中的作用由此可见一斑。话又要说回来,例(2.41)这个句子的问题主要不在缺少主题,而是主语(主题)的位置不当——这或许也佐证了对增加主题改进后的例(2.43)依然只是多数人而不是全部的受调查者完全接受它的原因。具体讲,在例(2.43)中,主题成分的加入未能完全消除词语之间的"互指竞争"矛盾或曰所指中心的冲突:"自己"受到主题成分"阿贵"制约的同时,也要受制于句子主语,可是与其同指的代词"他"却不在高可及的主语位置,而是出现在句末新信息的句位。这句话倘若改成"阿贵这个人,为了自己的利益,(他)不顾任何人的阻挡"云云,则会更加自然、通顺。

对上列例句的讨论说明"题元等级"存在不少缺陷。然而,对于上述这些例子,如若换个角度观察,比如以语篇角色(discourse role)为视点的方法(参看 Sells 1987)加以处理,或可以给出(至少比"题元等级")更好的解释。例如,不大好处理的例(2.39)"这件事告诉他[自己以前的想法不一定对]。"其中"他"虽然不是主语,却是括号内宾语性小句(命题)的"支点"角色,或换一种说法,它是"自我"角色,或再换种说法,其(所指对象)更是整个句子的内部主人公。因而无论从支点、自我角色出发,还是以主人公为指向,代词"他"都是"自己"的指示中心。其余例子如例(2.37)—(2.38)和例(2.40)也都可采用类似办法做出分析。关于"支点"(pivot)、"来源"(source)、"自我"(self)三种语篇角色(见 Sells 1987)以及"语篇主人公视点"(viewpoint of discourse protagonist)(如 Cantrall 1974, Zribi-Hertz 1989 等)理论概念,将在下一章详加讨论。

2.4.4 局部性和自我归属

面对汉语事实给约束 A 原则带来的困境,Pan(1995,1997)主张将反身代词分作两类:对比性反身代词和非对比性反身代词。他认为,对比性反身代词,如重读的或强调的"自己"及其复合形式"Pr-自己"(原文为"代词+自己")是受篇章显著性(prominence)条件制约的;而非对比性反身代词,如非重读的"自己"和"Pr-自己",要么受局部性(locality)即邻近性(closeness)条件制约,要么受"自我归属"(self-ascription)条件制约。这里着重谈谈他划分的非对比性反身代词。

Pan(1995,1997)提出,(非对比的)"自己"应进一步分辨出两种用法,第一种用法(含复合反身代词"Pr-自己"在内)受局部性及兼容性(compatibility)条件支配;第二种用法由(属于语义因素的)"自我归属"条件支配。也就是说,第一种用法的"自己"相当于复合反身代词,是局部性/邻近性(受约束的)反身代词,第二种意义的"自己"为长距离反身代词。

下面来看 Pan(1995:137ff,1998:793)提出的约束 A 原则,亦即对乔氏(如 Chomsky 1981)约束 A 原则的扩展和修改及其应用。

约束 A 原则:

照应语必须受最近的兼容性可能成分(candidate)的约束,若该可能成分是个非控制照应语的名词短语的话。

邻近性条件:

当 X(反身代词)至控制 α 的最小最大投射的路径(path)是 X 至控制

β 的最小最大投射路径的一个子集(subset),则 α 比 β 更邻近于 X。

兼容性(一致性)条件:

当(i) α 和 β 具有相同的生命性(animacy)特征,而且(ii) α 和 β 在语法、语义、语用上相一致,则 α 和 β 相兼容。

根据 Pan (1995)的分析,以下例(2.44)里,最近(实际是唯一)的名词语 John 是句子主语而且与宾语位置上的反身代词相适合,因而,按上述约束 A 原则它是"自己/他自己"的先行语。在例(2.45)中,"John 的态度"比 John 更接近"自己/他自己",按邻近条件计算树形图(被略)结构上的路径可知,"John 的态度"比 John 更接近于该反身代词,若邻近性条件生效,则反身代词不能指向较远的 John,但 John 实际上是先行语,说明汉语反身代词可以"跳过"介入中间的无生性短语"John 的态度",选择定语位置的 John 做先行语①。例(2.46)的情况相若,(距离反身代词)较近的名词短语是局部性主语"那本书",可是它跟携带[+生命性]的反身代词不兼容;因此,反身代词"跳过"中间的"那本书",选择主语 John 作为先行语。例(2.47)的情形稍有不同,其中两个可能先行成分之间不存在子集关系,所以按约束 A 原则预测,两个名词短语互不妨碍各自对反身代词的约束。

(2.44) John$_1$ 喜欢自己/他自己$_1$。

(2.45) [John$_1$ 的态度]$_2$ 害了自己/他自己$_{1/\cdot 2}$。

(2.46) John$_1$ 以为那本书$_2$ 害了自己/他自己$_{1/\cdot 2}$。

(2.47) John$_1$ 给 Bill$_2$ 看自己/他自己$_{1/2}$ 的照片。

而在下列的例子中,"自己"不受 A 原则制约,而是受"自我归属"条件制约。"自我归属"规定(反身代词的)先行语是"自我归属者"(self-ascriber),因为其所指实体必须是有自我意识的(self-conscious)。这是"自我归属"最重要的特点和要求。

(2.48) John$_1$ 以为 Bill$_2$ 喜欢自己$_{1/2}$。

(2.49) John$_1$ 觉得 Bill$_2$ 对自己$_{1/2}$ 没信心。

---

① 这是所谓的(长距离反身化)"次统制"(sub-command)现象(参阅§2.4.5)。

(2.50) John₁觉得Bill₂知道Mark₃对自己₁/₂/₃没信心。

(2.51) John₁知道我/你₂觉得Bill₃对自己*₁/₂/₃没信心。

在例(2.48)中,既然局部主语Bill满足邻近性和一致性条件,而按约束A原则可分析为"自己"的先行语;同时,(主句)主语John也可做先行语,这是"自我归属"条件作用所致。在例(2.49)中,Bill和John分别以局部主语和自我归属者身份做反身代词的先行语。对于例(2.50)中,邻近性主语Mark按约束A原则预测做先行语,但约束A原则不能预测大主语和中间小句主语做"自己"的先行语——这是长距离反身化用法,受"自我归属"条件制约。在例(2.51)中,Bill按约束A原则分析作局部先行语,"我、你"被分析为"自我归属者"先行语,并且它阻止(主句)主语John对"自己"的约束,因此,第一、二人称代词又被视作强制性(obligatory)自我归属者。

Pan的"局部性/邻近性"和"自我归属"理论分析至少有下面几个问题。

第一,其局部性约束与长距离约束的区分同多数学者观点不一致,有引起混乱之虞。比如,局部约束是指照应语(反身代词)按标准约束A原则(Chomsky 1981)必须在最小语域内受约束的现象,如例(2.44);超出管辖域(约束语域)而在管辖域之外受约束的情况,就属于长距离约束,如例(2.45)—(2.46)以及例(2.47)—(2.51)中出现的局部领域之外的受约束现象。另据Reinhart & Reuland (1993:658),复合反身代词(SELF-照应语)为局部照应语,简单反身代词(SE-照应语)具有代词性,可以分析为与代词同属一类范畴。但是Pan(1995,1997)将如例(2.45)中宾语论元位置上(受A原则制约)的反身代词受约束现象与其余局部语域外(受B原则制约)的反身化现象归于同类。

第二,基于句法的原则或规则,本来比语义、语用功能分析更具有刚性,然而,Pan的分析反而不及后者,而造成更大程度上的歧义。例(2.47)中,"自己/他自己"被分析为既可选择Bill也可选择John作先行语——十足的歧义。而据有关的语用研究理论,"自己"按"主语指向"应优先解读为跟John同指,而"他自己"按"紧邻原则"应优先理解为跟Bill同指。其实,一个语句或语篇中只有一个指示中心,不会真出现多个指示中心,不存在真正意义上的两可的所指义。

第三,"自我归属"①理论关于自我归属者(即先行语所指实体)必须能"自我意识"到语句命题(所描述事件的内容)的规定,不完全符合实际。比如,并无证据证明例(2.52)和例(2.53)中的先行语所指实体具有"自我意识";相反,如例(2.53)的"还不知道"告诉我们,老奶奶对自己被骗一事全不知晓,可是这不影响名词成分"老奶奶"做"自己"的先行语。

(2.52) 从前有一个手艺很好的木匠,他$_1$做了三十三年零三个月的工,做了九百九十九张床。可是,自己$_1$却没有睡过一张像样的床。(=(1.12))

(2.53) 我想老奶奶$_1$还不知道卖鱼的骗了自己$_1$。

(引自徐烈炯 1997)

2.4.5 阻断效应、最小最大句子效应、次统制和生命性

本章最后讨论长距离反身化研究中常涉及的三个问题:阻断效应、最小最大句子效应以及次统制和生命性。

阻断效应

有关汉语反身代词的研究大多涉及长距离反身化的"阻断效应"(blocking effect),如 Battistella (1989)、Battistella & Xu (1990)、Huang & Tang (1991)、Huang (1994)、胡建华、潘海华(2002)等。这些研究得出的结论大体趋于一致:第一、二人称代词阻断第三人称名词短语(NP)长距离约束反身代词"自己",第三人称名词短语不阻断第一、二人称代词对"自己"的长距离约束。例如:

(2.54) 张三$_1$觉得我/你$_2$对自己$_{*1/2}$没信心。

(引自 Battistella & Xu 1990)

---

① 在 Pan (1995, 1997)"自我归属"理论基础上设计的"NP 显著性计算法"(胡建华、潘海华 2002)旨在进一步解决反身代词"自己"的指代问题。可是,如有的学者(许余龙 2004:310)所指出的,其效果却不是很成功。

(2.55) 我/你$_1$以为张三$_2$喜欢自己$_{1/2}$。

(引自胡建华、潘海华 2002)

Huang(1994:197)认为,长距离反身化的阻断效应主要是受语用因素(而不是语法管制)影响的,"阻断"可以通过推理来化解,亦即长距离反身化即使受到第一、二人称干扰,也能借助语境或世界知识获得成立,如下例所示。

(2.56) 总统$_1$请我$_2$坐在自己$_1$的身边。

事实上我们同样能证明,第三人称名词短语也可以阻断第一、二人称代词对"自己"的长距离约束,如(2.57)。

(2.57) 我$_1$告诉过你$_2$张三$_3$在"文革"期间吊死了自己$_{1/2/3}$。

其实,所谓长距离反身化(回指)阻断现象与我们把不同性质、不同话语或篇章层面的"自己"混为一谈有关。反身代词"自己"同人称代词一样有情景直指和篇章回指两种功能之分,只是更隐蔽——要依靠相应的人称代词或名词短语加以确认。"直指"是现场发生或类现场发生的(quasi-situational),具有直接性;"回指"(或照应)是在语篇结构层面上发生的,具有间接性。判别某一特定语境中的"自己"是直指的还是回指的,要从更深层的语义功能上把握,不应凭表层结构下定论。比如,在例(2.58)中,反身代词与先行语相隔较远,但其长距离回指也不会被阻断,叙述者以第一人称身份进入语篇也不改变"自己"的(间接)回指性质。当然例(2.59)里,"自己"也是合法的——直接指向听话人(你)。而例(2.60)即便是现场对话,其中"自己"的长距离回指因句内有其复指成分,也未被"我"阻断。

(2.58) 宾馆白族服务员阿朵姑娘$_1$知道我$_2$的苦衷后,主动邀来一位文化馆的曲同志,为我$_2$讲述大理的历史沿革和动人传说,还从自己$_1$家里找来一本《大理今昔》的书供我参考,使我很快打开思路,……

(厦门大学语料库)

(2.59) 要好好管束**自己**,……

(电视剧人物对话)

(2.60) 如果你叔叔$_1$知道我$_2$是用这种办法救自己$_1$出来的,他是死也不会出来的。

(出处同上)

这些例子说明,说话人/受话人的"出场"意味着语篇整体地或部分地打上"现场话语"的烙印。

回到例(2.54),其叙述者乃是说话人,它和直接引语没什么两样,其中"自己"是直指的,和不在场的"张三"无关。再看例(2.55),它也相当于直接引语,有两种理解:"自己$_1$"指向说话人/受话人,功用近似于人称代词"我、你";"自己$_2$"是局部约束性照应语,功用等于"他自己"。这种歧义句在真实话语中并不多见:语境给定的意义是唯一的,不然,说话人要么会明确选择第一、二人称代词,建立话语直指,要么选择复合反身代词,建立局部约束照应,以免发生歧义。

可以说,从言语结构类型本不相同的语篇层面或角度来观察、评判"自己"的长距离反身化的阻断现象,未必是恰当的(刘礼进2007b)。

最小最大句子效应

句法理论研究认为,在由三个成分统制性主语组成的长距离反身化句子中,说话人可接受反身代词"自己"受底层小句主语的约束,也可接受它受母句(root clause)主语约束,但不接受中间小句主语对它的约束(Battistella & Xu 1990:208)。例如,在下面例(2.61)里,"自己"只能与最底层小句主语"小王"同指或与最外层小句主语"小张"同指,而不能与中间层小句主语"小李"同指。这就是所谓的"最小句子效应"和"最大句子效应"(Battistella & Xu 1990,徐烈炯1997,许余龙2004:303),或不妨合称为"最小最大句子效应"(minimal-maximal clause effect)。

(2.61) 小张说小李知道小王不喜欢自己。

(引自徐烈炯1997)

但是,徐烈炯(1997)又指出,这样的效应不是绝对的。比如,他曾用前述句子(2.53)——以下重新编作(2.62)——做过测验,结果,在场的人一致认为受骗对象是老奶奶,而不是鱼贩子或说话者。

(2.62) 我想老奶奶还不知道卖鱼的骗了自己。

这两个例子告诉我们,语言研究者本身并未就"最小最大句子效应"问题取得一致的意见,这说明这一观点或说法未必可靠。如前所述,交际中一个句子给定的所指中心是单一的或唯一的。如例(2.61),如果"小王"被看成是信息提供者,则"小李"应该是所指中心,即"自己"的(唯一)先行语,不可能同时存在两个(以上)指示中心,进而说两个(以上)可能先行成分都合格。又比如,在例(2.62)中,"我想"其实是个插入成分或附加成分,而不属于句子的命题部分,它相当于元语用(语言)标记词或语气副词,其作用是对句子命题进行评价或推测,但不影响(后续)句子命题的真值状态。另据许余龙(2004:303—8)之说,这里的"我想"也可分析为功能语言学上讲的(只是)"一个表情态意义的人际成分"。因此,这样的句子并不真正蕴含所谓的最小最大句子效应。

次统制和生命性

长距离反身化研究中还常常涉及到所谓"次统制"现象。如前面例(2.45)中"自己"是被修饰语位置上的 John 所统制,故称"次统制"(sub-command)。"次统制"往往跟"生命性"(animacy)条件有关。Huang & Tang (1991:265ff)及 Tang (1989)指出,反身代词必须选择有生命特征的名词短语做先行语,而且该名词短语必须是(i)成分统制性(c-commanding)主语,如例(2.63),或(ii)次统制性(sub-commanding)主语(即先行语被包含在成分统制性名词短语之内),也就是统制性主语的修饰语或定语,如例(2.64)。

(2.63) 张三$_1$的妹妹$_2$害了自己$_{1/2}$。

(2.64) a. [张三$_1$的傲慢态度]$_2$害了自己$_{1/2}$。
   b. [张三$_1$的骄傲态度]$_2$害了他$_{1/2}$。

Huang (1994:76)也认为,"自己"的先行语原则上是有生命性的(即有生命性条件的)。但据我们观察,"次统制/生命性"不是严格的句法条件,只是有限地适合于某些个句子。至于例(2.64a),其中的"自己"严格说来不是约束 A 原则所定义的局部受约束的反身代词,而是长距离回指语,因此改用"他",如例(2.64b)所示,句子同样可以接受。可见次统制不是刚性语法规则,不具有(硬性)句法约束力。

潘海华、胡建华(2002:242)提出,次统制和成分统制都不是名词短语做先行语的必要条件。他们强调的是"生命性"对确定先行语显著性等级的重要作用。其实,生命性也不一定是名词成分做反身代词先行语的必要条件。例如:

(2.65) 可是[沙丁鱼$_1$的骨头]$_2$深藏在自己$_{1/*2}$身里,……

(2.66) 老实说,[他$_1$的话]$_2$确有自己$_{*1/2}$的道理。

如果说例(2.65)"自己"的先行语"沙丁鱼"仍然是较之"骨头"更有生命特性的,那么例(2.66)中做"自己"的先行语的"(他的)话"可就是纯粹的无生性名词语——"话"乃是表达思想的声音或文字,显然是无生命的抽象名词。

因此,我们也无须把"生命性"规定作反身代词"自己"的用法的(硬性)句法条件。更理想、更可靠的办法是(可)提出假定:在其他条件均相等的情况下,生命性名词成分要比无生性名词成分更有优势充当"自己"的先行语。在本研究中我们正是持此假定或观点的(参考§4.2.2)。

2.5 小结

本章回顾了管约理论框架下对长距离反身化的主要研究。首先,我们介绍、阐释了标准约束原则的内容和特点,并以英汉反身代词长距离用法为例说明约束理论的局限性。然后,讨论了几种改进的管约理论策略,包括"屈折变化移位"、"屈折短语附接"、"题元等级"、"自我归属"等方案。我们还检视了长距离反身化研究中经常惹人关注的"阻断效应"、"最小最大句子效应"、"次统制和生命性条件"这些问题。

总的来说,这些在管约理论框架下针对长距离反身化现象提出的句法方案有相当的理论意义,但缺陷是不能真正解决(长距离)反身代词的受约束问题,究其根源,很可能在于这些分析法都试图用(参数化的)句法约束理论来解释非句法性质的长距离反身化现象。可以说,长距离反身化,主要是一种篇章回指现象,而不是句法现象(见许余龙2004:254)。因而,只有采用适合篇章特点规律的语义/语篇分析法或语用功能主义方案才能对它做出更加令人满意的解释。下一章,将讨论语义/语篇分析和语用学视角下对汉英反身代词视点回指所开展的研究。

第三章 篇章视点回指

3.1 引言

处理长距离反身化现象的另一条途径,是援用篇章视点回指(logophoricity)概念及其相关理论框架。有关视点回指的研究有不少,如 Sells(1987),Kuno(1987),Zribi-Hertz(1989),Reinhart & Reuland(1991),Hellan(1991),Stirling(1993/2005),Baker(1995),Pan(1995),Culy(1997)等,不一而足。研究者对这一问题所取的分析视角和观点也不尽相同。比如,Sells(1987)的研究是在 Kamp(1981)"语篇表征结构"(DRS)理论基础上将命题态度(propositional attitude)动词分析法加以扩展并引入"来源"、"自我"、"支点"三个概念,丰富了篇章结构表征描述。他认为,篇章视点回指是这三个基本概念(primitive notion)相互作用的结果。而 Kuno(1987)认为,长距离反身代词与普通代词的区别不是由结构选择而是由语篇视点(或观察点)的选择造成的。Zribi-Hertz(1989)则指出,长距离反身代词之所以可用,是因为它受"最小意识主语"的约束。Hellan(1991)提出所谓表示"视点统制"(perspective command)关系的蕴涵条件(containment condition),假定长距离反身化不能违背这样的原则:若反身代词所处的构成成分(常为述谓成分)位于先行语视野之内,则该反身代词受先行语约束。Baker(1995)持不同看法。他认为,尽管长距离反身代词经常起视点回指作用,但小说中也有许多反身代词并不表示(篇章主人公)视点回指或指向,而是起强化或凸显作用。Culy(1997)的主张是,(间接性)反身代词的基本功能是语篇互指(coreference),其视点回指功用居次。

在格莱斯(Grice 1957,1967,1978)"会话含意理论"基础上发展起来的新格莱斯语用学派(neo-Gricean school)(如 Horn 1989；Levinson 1991，2000；Huang 1994，2007)则认为,视点回指和/或长距离回指(长距离反身化)是相关的语用推理原则(如量原则、信息原则、方式原则)互动作用产生的后果。而根据许余龙(2004)的研究,反身代词和代词、零代词等其他所指词语的篇章回指功能主要受制于主题性成分。

下面,将具体讨论关于反身代词视点回指和/或长距离回指的一些重要的研究理论。安排如下：3.2 节探讨 Sells (1987)从语篇—语义角色视角提出的三元或三维视点回指理论；3.3 节检视 Kuno (1987)从功能语法角度提出的关于视点回指与移情的理论概念；3.4 节分析比较"意识主语"假说(Zribi-Hertz 1989)和"对比性/凸显性"理论观点(Baker 1995)；3.5节述介新格莱斯语用学派的几项最具代表性研究理论(如 Horn 1984，1989；Levinson 1991，2002；Huang 2004a，2007)；3.6 节介绍篇章回指的功能语用模式(许余龙 2004)；3.7 节对本章内容做一小结。

3.2 视点回指和语篇—语义角色

Sells (1987：455ff)认为,对篇章中的视点回指现象难于做出一元化(unified)处理。于是他提出用三种基本的语篇概念即语篇—语义角色(discourse-semantic role)——"来源"、"自我"、"支点"来刻画视点回指现象。"来源"(source)是指事件的报告者或转述者(说话人/作者),亦即是交际中的意图施事(intentional agent)。"自我"(self)是指思想(thought)或心智(mind)被陈述或转述的个体,也就是其心理状况或态度为命题内容所描述的那个个体。所谓"支点(或基点)"(pivot),是指相对性指示中心(relativized deictic center)(参阅 Levinson 2000：§4),它表示进行事件报告的观察点个体,也指从其(时空)位置对命题内容进行评价者①。对于由这些语篇角色规

---

① 根据 Sells (1987：note 14)的研究,其"支点"概念大体上跟 Kuno & Kaburaki (1977)的"移情"(empathy)和 Kuno (1987)的"主人公摄像视角"(protagonist's camera-angle)相一致。

定的四种篇章环境，Sells 做了详细说明。第一种语境描述的是直接引语（direct speech），其中，这三种语篇角色集于单一个体，即当前的外部说话者（external speaker）。第二种是 Sells 所说的"第三人称观点"（3POV）语境，其中，外部说话者拥有来源和自我角色，但支点角色由内部主人公（internal protagonist）占有或承担。第三种是由"心理动词"（psych-verb）设定的语篇环境，其中，来源角色归于外部说话者，自我角色和支点角色归篇章内部主人公所有。最后，第四种语篇环境适用于由 Sells 所说的"视点（回指）动词"（logophoric verb）触发的环境，视点动词主要包括"言说类动词"（verb of saying）和"思维类动词"（verb of thinking）。这是典型的（prototypical）或完整的（full）视点回指语境——此时，这三种语篇角色都为内部主人公所有。这四类语篇环境按次第蕴含关系列于表 3.1（见 Sells 1987：456）。

表 3.1 Sells 描述的语篇环境

	直接引语	第三人称观点	心理动词	视点动词
来源	外部	外部	外部	内部
自我	外部	外部	内部	内部
支点	外部	内部	内部	内部

Sells（1987：458—471）接下来运用语篇表征结构（DRS）框架（Kamp 1981）具体描写以上四种语篇环境中的回指现象。他所考察的语言涉及英语、冰岛语、日语、意大利语。该文没有谈到汉语中的回指问题。不过，Huang（1994：185—197）援用 Sells（1987）的理论体系分析了汉语长距离反身代词的视点回指用法。我们不妨经由 Huang 的分析进一步了解一下 Sells（1987）的理论观点对汉语的效应。根据 Huang（1994）的研究，汉语反身代词的用法部分受制于这些视点回指语境条件，典型的长距离反身代词大都见于视点回指语域（logophoric domain），这样的语域通常由某个"视点中心动词"（logocentric verb）触发形成，由此造成汉语长距离反身代词普遍出现于句子中的言说（speech）、认知（epistemic）、心理（psychological）、感觉（perceptive）类动词谓语结构之中。这些动词——也称为视点触发语（trigger）——列于下面句（3.1）。（见 Huang 1994：188）

(3.1) a. 言说动词：说，报告，表示，提出，建议，问，告诉，通知

b. 认知动词：认为,以为,觉得,知道,认识到,怀疑,相信,希望,期待
c. 心理动词：喜欢,爱,恨,担心,害怕
d. 感觉动词：看见,听见

再据 Huang(1994)的研究,汉语中的视点回指语境还可由所谓"准标补词"(semi-complementiser)"说"来实现。准标补词"说"与动词"说"同音异义(homophonous),但它仍然带有语力(force of speech)。试比较例(3.2)和例(3.3)：

(3.2) *小明$_1$说说妈妈$_2$最喜欢自己$_{1/2}$。

(3.3) 小明$_1$告诉小华$_2$说小强$_3$看不起自己$_{1/3}$。

(引自 Huang 1994)

例(3.2)中,准标补词"说"不得跟动词"说"共现;而例(3.3)中,准标补词"说"可以同言说动词"告诉"同时使用。

Huang(1994)还运用 Sells(1987)在 Kamp(1981)"语篇表征理论"基础上发展的语篇表征结构(DRS)模式刻画了汉语反身代词在上述四种语境中的回指用法。我们在此做一简要讨论。先看有关标识：

(3.4) σ = 来源(角色)
φ = 自我(角色)
ω = 支点(角色)
S = 外部说话人

如果用上这些标识的话,"小明说妈妈最喜欢自己"这句话的语篇表征结构则可以表示如例(3.5),其中,反身代词(Z)所表示的回指链接跟"支点"相关。

(3.5) 小明$_1$说妈妈最喜欢自己$_1$。

S	u	p
	小明(u)	
	u 说 p	
p:	σ(u)	
	φ(u)	
	ω(u)	
	v z	
	妈妈(v)	
	v 最喜欢 z	
	z = ω	

以上例(3.5)表征的是(典型的)视点回指语篇环境,其中 u 代表(内部)个体,p 表示命题。

而以下两个例子分别表征心理动词语句和第三人称观点(3POV)语境的回指情形。在例(3.6)中,外部说话人拥有来源角色,主句宾语所代表的内部主人公承担自我角色和支点角色,亦即所报告的是小明的心理状态,因而"自己"受"小明"约束。例(3.7)是 Sells 所说的"第三人称观点"语篇环境,其中唯支点角色为内部主人公所有,动词"来"表明所报告的内容,是着眼于"小明"的时空位置,即从其观察点出发进行描述的,因此"小明"是该语境中的指示中心。

(3.6) 妈妈表扬了自己₁使小明₁很高兴。

```
        S           u              p
                  小明(u)
                p 使 u 很高兴
    p: ┌─────────────────────────┐
       │           σ(u)           │
       │           φ(u)           │
       │           ω(u)           │
       │       ─────────          │
       │           v  z           │
       │          妈妈(v)          │
       │        v 表扬了 z         │
       │          z = ω           │
       └─────────────────────────┘
```

(3.7) 因为妈妈来看过自己₁了,所以小明₁很高兴。

```
        S           u              p
                  小明(u)
              因为 p 所以 u 很高兴
    p: ┌─────────────────────────┐
       │           σ(u)           │
       │           φ(u)           │
       │           ω(u)           │
       │       ─────────          │
       │           v  z           │
       │          妈妈(v)          │
       │        v 来看过 z         │
       │          z = ω           │
       └─────────────────────────┘
```

按照 Sells(1987:459)的说明,表3.1 中的这三种语篇(-语义)角色,表示上高下低的述谓角色等级,而从心理状态上讲,回指链接应该同等级上的最高述谓角色相关联;因此,例(3.5)—例(3.7)中反身代词"自己"所指的先行成分分别是"来源"、"自我"、"支点"角色。然而,在 Sells 看来,似乎不必细分至此来认定其中一种分析优于另一种;结果,所有篇章环境中的"支点"角色都被视作指示中心,被分析作回指语的先行成分。这样的做法实则排除了"来源"和"自我"角色的作用,使得其复杂的"三元语篇角色分析法"事实上仍然变成了"一元角色分析法"。

Sells (1987)的三元语篇角色分析法另有一个未解决的问题是,如表 3.1 所示,它把直接引语(direct speech)作为一类语篇环境纳入视点回指范围,却又从未对它做出过"语篇表征结构"(DRS)分析。Sells (1987)对其余三种语篇环境下(即第三人称观点、心理动词、视点回指动词语境)的回指现象都有详细论析,却对集"来源"、"自我"、"支点"于一体(即说话人)的直接引语中的回指避而不谈。这表明了作者自己对它的不确定性。直接引语环境必然牵扯到情景语境(context of situation),必然包括说话人/受话人而涉及第一、二人称代词的用法。而功能语言学者认为,充当说话人/受话人言语角色的第一、二人称代词最主要的功能是外指的(exophoric),其回指功能是次要的;因此,第一、二人称代词原则上不具备篇章回指功能(详见 Halldiay & Husan 1976:18,51;Halliday & Matthiessen 2004:551—553)。而视点回指毋庸置疑属于语篇之内的回指现象。如是观之,Sells (1987)的研究理论虽有见地,但也不无缺憾。

3.3 视点回指和移情

这一节介绍 Kuno (1987)关于(篇章)视点回指和移情(empathy)的论述。Kuno 是形式语言学学派第一位认识到视点回指问题对代词化(pronominalization)研究甚具重要性的学者(参看 Van Valin 1990)。他的一个重要观点是:第三人称反身代词的用法在很多情形里无法用纯粹的句法规则加以说明,而是跟说话人是否"移情"于所指对象有关(Kuno 1987,又见沈家煊 2001:270)。

Kuno(1987:§3)提出,他的"直接语篇视角"(direct discourse perspective)概念应该并入代词化理论中,以利于解读复杂的代词化现象。比如,按照代词分指(disjoint reference)确定规则,副词前置规则必须在其余结构转换操作完成后才能实施。但是,下列这些例子超出了这一规则的预测。

(3.8) a. Ali$_1$ repeatedly claimed that he$_1$ was the best boxer in the world.
b. *He$_1$ repeatedly claimed that Ali$_1$ was the best boxer in the world.
c. ?? That Ali$_1$ was the best boxer in the world was claimed by him$_1$ repeatedly.
d. ? That he$_1$ was the best boxer in the world was claimed by Ali$_1$ repeatedly.

按照 Kuno(1987)提出的照应语(回指语)规则(参看 Van Valin 1990),以上句子例(3.8c)和例(3.8d)应可以接受,因为其中的代词 K-统制(Kuno 仿照"成分统制"的路子提出的统制机制,详见该书)而非先于或成分统制该词汇名词短语;然而,未被动化的结构例(3.8b)则不合乎语法。Kuno(1987:103)因此说,这表明"包含代词和完整名词短语的被动态句子是否可接受,取决于相应的主动态句子的可否接受"。根据他的进一步分析,这些句子差别的关键还在于补足语及带补足语的述谓性质,即是否补足语表达的是这一带补足语的述谓的主语(即主句主语)的思想、信念或言语。这类视点回指性(logophoric)谓语是理解这种回指现象的关键所在。Kuno(1987)还假定,在潜在结构上(underlying structure),视点回指性补足语被表征为直接语篇补足语,并且这样的补足语要经历"间接语篇构建规则"的转化,以便生成非直接语篇表层形式(见 Van Valin 1990:209)。这样,例(3.8a)的潜在结构可如下述:

(3.9) [Ali claimed ["I am the best boxer in the world"]]

例(3.9)转变为例(3.8a)是由"间接语篇构建规则"促成的,它变更补足语结构中的代词,以与视点回指性动词主语的人称、数、性相匹配,并做出其他必要调整。可以认为这就是 Kuno 的"直接语篇视角"向"间接语篇视角"转变的过程。

而 Kuno(1987)在书中最后讨论的"移情"似是另一种情形——它和视点回指被分析作两个独立的问题。"移情"在文学研究中一般叫做"视角"或"观点"定位或定向。Kuno 称它为"移情视角"(empathy perspective),并用"摄像视角"(camera angle)概念进行诠释。假如一个事件涉及 A、B 两个参与者,说话人可以选择从 A 的拍摄视角或 B 的拍摄视角,或者客观(摄像)视角进行描述。他用下列例子解释这种对比关系。

(3.10) a. Then John hit Bill. (客观视角)
b. Then John hit his brother. (John 的视角)
c. Then Bill's brother hit him. (Bill 的视角)
d. Then Bill was hit by John. (Bill 的视角)
e. Then Bill was hit by his brother. (Bill 的视角)
f. ?? Then John's brother was hit by him. (视角冲突)
g. ?? Then his brother was hit by John. (视角冲突)

以下(3.11a)是 Kuno 对"移情"下的定义,可用以解释例(3.10a)—(3.10e);(3.11b)是制约条件,可用以说明例(3.10f)—(3.10g)中"移情焦点"的冲突现象。

(3.11) a. 移情:移情是指说话人与句子中描述的事件/状态里出现的人/事物的认同感(程度可有不同)。
b. 冲突性移情焦点制约:单个句子不可以包含移情关系的逻辑冲突。

在例子分析的基础上,Kuno (1987) 提出了一系列有关移情等级 (empathy hierarchy)的选择。下面是几种主要等级的要点内容(详见 Kuno 1987:207—232)。

(3.12) a. 描述项移情等级:说话人与独立成分(如领属者)的共鸣度要大于依存成分(如被领有者)。
b. 主题移情等级:说话人与主题成分的共鸣度大于非主题成分。
c. 表层结构移情等级:说话人同主语所指对象的共鸣度高于其他名词短语(NP)的所指对象。
d. 言语行为移情等级:说话人不跟其他人取得认同,只能认同自己。
e. 语序移情等级:说话人与并列结构左侧(左向)名词短语所指实体产生的共鸣度大于右侧(右向)名词短语的所指实体。

Kuno (1987)在讨论反身化现象的专节里,也基于"移情"和"摄像视角"概念提出了制约(长距离)反身代词和代词用法的等级条件。内容大要如下:

(3.13) a. 反身代词用法移情条件:当一个句子含有非直接宾语的反身代词(即长距离反身代词——引者注),该句子理解为是从反身代词所指实体视角生成的——若句子的实体要求以如此明晰的视角描写有关事件。

b. 表层结构条件:若先行语在主语位置,优先选用反身代词。

c. 言语行为移情条件:说话人难于从其他人(摄像)视角描述包括自己在内的行为或状态。

d. 照应(回指)等级条件:对于要求说话人建立显性(摄像)视角的句子,先行语的回指等级越高,反身代词(使用)的优先程度也越大,即:有定名词短语 > 无定名词短语 > 无定代词。

下列句子在一定程度上证明了这些条件的预测力。例(3.14)中的 himself 表达其所指对象(句内主人公)的视角,适用于条件(3.13a)。例(3.15)中 $himself_1$ 的先行语在主语位置,符合条件(3.13b),而 $himself_2$ 的先行语为无定名词短语,故按照(3.13d),其接受性较低。在例(3.16)中,$himself_1$ 的先行语为有定名词短语(即做主语的专有名词 Bill),不成问题,而 $himself_2$ 的先行语为无定代词 someone,因而很难成立,两者分别符合(3.13b)和(3.13d)的预测。

(3.14) $John_1$ pushed the brandy away from $himself_1$ (> him_1).

(3.15) $Bill_1$ talked to a $student_2$ about $himself_{1/?2}$.

(3.16) $Bill_1$ talked to $someone_2$ about $himself_{1/*2}$.

Kuno 的理论观念有点"立场不清",造成了尴尬局面,这是因为一则他从功能角度讨论管约理论中的照应问题,而使管约理论研究者很少问津;二则其保守的功能主义思想使他在很多方面提倡的实际上还是结构分析而不是真正的功能分析,这使得功能学派学者不大感兴趣,尽管如此,他有的观点仍然为语用学者所接受、赞同(见 Levinson 2000:§4)。比如,Levinson(2000:320)援用 Kuno(1987)的"摄像视角",更为明确地区分含有地点介词短语的结构中准允反身代词和代词的交叉用法,一如"John pushed the brandy away from himself/him."例(3.14)这类句子所示:反身代词用以建立事件描写的主人公视角(protagonist's perspective),普通代词用以建立观察者视角(observer's perspective)。

Kuno(1987)关于视点回指和移情现象的研究同样有值得反思的方面。首先,他对视点回指和代词化的研究成果似是借鉴 Sells(1987)的理念、方法,但又不及后者系统、周全。其次,视点回指和移情现象的相互关系未能论述清楚,而有关移情的等级条件则规定得过于繁杂。例如,(3.12)中(a)至(e)五条移情等级,综而言之可归结为一条单一的原则:E(主题性更强的名词短语) > E(主题性较弱的名词短语)——试对照(3.12b)。这也就是说,其余四条移情等级都与"主题性"有关:领属者的主题性强于被领有者(3.12a);主语是无标记主题成分,主题性成分无疑强于非主语成分(3.12c);言语行为参与者自然具有强主题性(3.12d);而强主题性成分往往位居弱主题性成分之前(3.12e)(见 Van Valin 1990:212ff)。然而,就主题性而言,(外部)说话人本身并没有太多的自由可以做出改变,我们不清楚这些现象或制约性等级条件都冠以"移情等级"的好处何在,从而有理由怀疑 Kuno 极力把"移情"或"移情视点"和主题性等问题放在一起讨论会取得理想效果而不造成混乱。

视点回指、叙述视角、对比性与语篇凸显

先从"叙述视角(视点)"(narrative viewpoint)说起。根据 Zribi-Hertz (1989:703ff)的研究,关于英语反身代词与普通代词表达不同叙述视点的假说,是由 Cantrall(1974)最先提出的。Cantrall 认为,任何场合下发生英语反身代词(笔者按:实际为长距离反身代词)跟代词在同一结构中的交替使用,均表现为对叙述视角的(不同)选择。下面这对句子可视为他提出的最具代表性的实验证据。

(3.17) a. The women₁ were standing in the background, with the children behind them₁.

b. The women₁ were standing in the background, with the children behind themselves₁.

Cantrall 设想以这两个句子描述一幅图片或照片,其中站立着的"女士

们"(women)背朝摄影机,这样,两个句子描述的信息内容显然不同:例(3.17b)中的"小孩"(children)必须从"女士们"的视角被定位于在她们之后,即在她们的背后,也就是在照片的前景(foreground);而例(3.17a)中的"小孩"可以从说话者角度被定位于在女士们的后面,即在照片的背景(background),也就是实际在女士们的前面。通过这样的例句检验,Cantrall 得出结论:第三人称反身代词与代词的选用并非由语法结构限制的,反身代词的用法与内部视点(internal point of view)亦即语篇主人公视点(viewpoint of discourse protagonist)相关,而不是与说话者相关(见 Zribi-Hertz 1989:704)。

Zribi-Hertz(1989)提出的"最小意识主语"(minimal subject of consciousness, MSC)理论及篇章原则,事实上可看作是对 Cantrall 观点的进一步理论化和具体化。

过去,公认的看法是用作强调的英语反身代词可以不遵守约束 A 原则,并在局部领域之外受约束,而非强调用法的反身代词必须遵守约束 A 原则。但是,Zribi-Hertz(1989)通过考察大量的当代英语散文作品中的例证发现,强调和非强调用法的英语反身代词都常常违反 Chomsky 提出的约束 A 原则,而且这种情况还不无普遍性。她检索分析的 150 个在管辖语域内不受约束的反身代词实例显示,约束原则作为一种预测句内照应(可以不依赖语篇因素)的理论是基本正确的,却不够完善,因为,它未涵盖到完整的反身代词语法体系。根据 Zribi-Hertz(1989:710ff)的研究,英语长距离约束性(long-distance bound)反身代词属于语篇(篇章)语法(discourse grammar)范畴,遵循特定的语篇原则。她提出的"语篇原则"如下:

(3.18) 在英语中,当且仅当反身代词回指"最小意识主语"时,可不遵守约束原则。①

---

① Zribi-Hertz(1989:697)将 Chomsky 的约束原则分解成若干便于检验的条件(constraint),因此这一语篇原则原文表述为:英语中,当且仅当反身代词回指"最小意识主语"时,可以不遵守条件(4)、(5)、(7)、(8)。这些条件为:(4)句子语法条件:照应语(反身代词和相互代词)始终需要有先行语出现在句子内,代词可允许先行语出于分隔的句子中;(5)成分统制条件:反身代词始终被先行语成分统制,代词不必如此;(7)小句约束条件:反身代词和先行语只能同现于管辖语域中;(8)分裂性先行语条件:代词允准分隔的先行语,而反身代词不允准。

Zribi-Hertz (1989)称,其"意识主语"(subject of consciousness, SC)[①] 概念和"视点回指"概念(如 Kuno 1987)基本上相似:意识主语属于语篇语法范畴,是被赋予思想或情感、由语段表达的所指对象(referent)的一种语义属性(semantic property)。因而,意识主语一般应理解为具备[+指人]特征。就篇章里某个位置上的特定代词来说,最小意识主语(MSC)按下述路线加以理解。

(3.19) MSC =(a)或(b):
    a. 出现于语篇中代词(反身代词)左侧(上文)最近的、可获得的(available)、作视点回指解读的名词短语或名词短语组合(分裂性先行语);
    b. 语篇中明确提及或未提及的说话人(speaker)和/或受话人(addressee)。

这样,篇章原则(3.18)就可用来解释以下例(3.20a)—(3.20b)这类结构为什么不符合语法。

(3.20) a. *John$_1$ just arrived. I do believe I cannot love anybody more than himself$_1$.
    b. *John's$_1$ father hates everybody, including himself$_1$.

例(3.20a)中,himself 出现在表示说话人,即"最小意识主语"的看法的句子中而被禁止使用——因为它得越过该最小意识主语("I")。例(3.20b)描述作为最小意识主语的 John 的父亲的态度,因此 himself 可与 John's father 同标或同指,但不能与 John 同指,因为 John 不是最小意识主语。

按照(3.19)的定义,第三人称(长距离)反身代词的使用较之第一、二人称反身代词更受限制,表现在两个方面:一是第三人称反身代词的先行语,必须事实上出现在篇章中,而第一、二人称反身代词的先行语可以隐而不现(implicit)。二是唯有某些第三人称名词短语作视点回指解读而成为第三人称反身代词的可能先行语,但说话人/受话人是被假定地理解为视点回指对象而始终是第一、二人称反身代词的可能先行语(Zribi-Hertz

---

[①] 据 Zribi-Hertz (1989: 705, note 11),她使用的术语"意识主语"源自于 Banfield (1979)。

1989：711)。

为了进一步弄清(3.18)中所说的最小意识主语的作用,再看一个例子：

(3.21) Today I_1 had, with each of them [Miss Hernshaw and Miss Seelhaft] separately, gone through the painful business of telling them about my divorce. So gleefully fast does bad news travel. $They_2$ stood now by the door waiting without visible impatience [e_2 to see the last of me_1 (*$myself_1$)].

根据 Zribi-Hertz (1989：712) 的论述,包含该段在内的那篇小说,被许多文评家认为是从叙述者 Martin Lynch-Gibbon 的视角进行写作的。然而,不难看到,即便代词 me 指向"意识主语",乃至指向整篇小说的(统领性)意识主语,也不能换用长距离受约束的反身代词(myself)。这一情形已为"语篇原则"(3.18)所预测,有两个次要人物角色 Miss Hernshaw 和 Miss Seelhaft 恰好在语篇中充作"意识主语"(SC)位于该代词之前,因而,长距离反身代词此处不成立。Zribi-Hertz(同上)由此指出,(3.18)不足以解释英语反身代词的全部分布状况。她的这一断言也可通过下列例证得到验证：

(3.22) a. He_1 [Colonel Abel Pargiter] sat staring ahead of him with bright blue eyes that seemed a little screwed up, as if the glare of the East were still in them; and puckered at corners as if the dust were still in them. Some thought had struck him_1 (*$himself_1$) that made what the others were saying of no interest to him_1 (*$himself_1$).

b. She_1 [Kitty Lasswade] was not pretty, no, her_1 size was against her_1 (*$herself_1$).

c. Her acquaintances in Northan, she_1 thought, would have considered such affection unnatural, and probably perverted, if not wholly insincere, and there was something in $herself_1$ that could not help but suspect it (...)

英语反身代词在以上前两个例子中不成立而在第三个例子中成立。关键问题是,反身代词按(3.18)所述的语篇原则都必须指向最小意识主语

(MSC),而前两个例子中最小意识主语不是潜在的或可能的意识主语。那么,为什么例(3.22c)中的主语和/或时态可以被反身代词逾越(transparent),而例(3.22a)—(3.22b)的主语和/或时态不可被逾越(opaque)? Zribi-Hertz(1989:713)提出如下解决办法:

(3.23) 英语中,当且仅当反身代词和先行语之间未被视点领域界线(domain-of-point-of-view boundary)隔离,则可以不遵循约束原则。

所谓视点领域(domain of point of view, DPV)可大致定义为包含一个且是唯一一个叙述视点(narrative point of view)的语篇段落,亦即一个视点领域中不可以含有叙述视角的转换(Zribi-Hertz 1989:713)。

又据 Zribi-Hertz(1989:714)的观点,回指现象的叙述视点须分两类:客观视点(objective viewpoint)和主观视点(subjective viewpoint)。客观(叙述)视点是指,说话者(作者)试图客观地陈述事实,试图按事物的客观现实,即按先于人的目光和意识的实况进行描写。而主观(叙述)视点显然与"意识主语"有关,意味着"意识主语"对事实或事件的描述具有过滤作用。主观性语篇的作者可按自己的观点描写事件,或者以被视作"意识主语"的某个视角描写事件。总之,主观性语篇典型地包含意识主语,而客观性语篇不含意识主语。

Zribi-Hertz 于是还具体提出如下定义——(3.24)和原则——(3.25)。

(3.24) a. 英语中,语篇视点领域(DPV)至少跟小句范畴(clausal category)相当。
b. 小句范畴等同于任何主—谓结构短语,其中,主语可理解作词汇性主语或零主语。

(3.25) 一个小句范畴成为照应语(反身代词)回指关系中不可逾越的篇章领域——当且仅当它构成一个独立的语篇视点领域;否则,该小句便是可逾越的篇章领域。

以上原则还需要增加下述定义才得以完善(见 Zribi-Hertz 1989:714):

(3.26) a. 一个篇章视点领域为客观性的——若它按客观状态描述实情。
b. 一个篇章视点领域为主观性的——若它经过意识主语的过滤对实情进行描述。

(3.27) a. 客观篇章视点领域形式上相当于不含意识主语的小句范畴。
b. 主观篇章视点领域形式上相当于含有一个且只含一个意识主语的小句或小句串(sequence)。

有了这样的原则和定义,语段如例(3.21)和例(3.22)中的反身代词的允准与否,就能阐述得更加清楚、准确。我们试着分析一下例(3.22)中的三个例子。在例(3.22a)和例(3.22b)中,最小(最近)主语不是可能的意识主语,或说由小句形成的独立视点领域,如例(3.22a)中的 Some thought had struck him,例(3.22b)中的 her size was against her,使得反身代词不可逾越它而建立视点回指。但是,例(3.22c)中的语篇环境不同,小句结构串(如 probably perverted, if not wholly insincere/there was something in herself)未能形成独立的视点领域,因而,反身代词可逾越这样的领域而回指意识主语(she)。也就是说,例(3.22a)和例(3.22b)含有客观性视点领域,而例(3.22c)含有主观性视点领域。

Zribi-Hertz(1989:724)最终得出结论说,(不考虑其他特定因素)反身代词原则上应定义为强制性约束表达式,也即反身代词本质上讲是内照应(内指)的(endophoric)而不是直指的(deictic),亦即不应该用作直接指示,如不能单独说出简单句子"*Please look at HIMSELF, not at Mary!"等。反身代词这一最重要的内指功能特别表现为(i)服务于内部叙述视点,并(ii)在一定结构领域之中受约束①。她还指出,长距离反身代词总体上是视点回指性的,但其视点回指用法在不同语言中表现为不同的语法形式,有的语言体现为特定虚拟构式(如冰岛语和意大利语),有的实现为强调结构(如英语),有的表现为对词汇的不同选择(如日语)。

然而,Baker(1995)对 Zribi-Hertz 的"意识主语论"和"强调说"有所质疑。他研究发现,小说作品中虽然确实有许多符合"意识主语"视点用法的

---

① Culy(1997)的研究结论是,篇章中间接反身代词和视点回指性代词的根本功能,分别是表征语篇中的词项互指(coreference)和充当间接话语标记,其视点回指表达功能是次要的。我们觉得,视点表达或视点回指,其实是语篇互指的特定形式,都是语篇内成分之间的同指现象。从这个意义上讲,Culy(1997)的主要结论和 Zribi-Hertz(1989)的理论观点实质上是相通的。

局部无约束反身代词(locally free reflexive)①,但是,那里也有不少显然不表示"意识主语"视点的局部无约束反身代词的例子,其中,有的意识主语是叙述者,甚至还有(不少)的局部无约束反身代词并不表示视点回指(见 Baker 1995:66ff)。针对有关的"强调说",Baker(1995:68)指出,出现在奥斯汀(Austen)小说中典型的局部无约束反身代词的主要用法不在"强调",这些反身代词大多是强势或强化性非主格代词(intensified nonnominative pronoun),它们通常见于对比性语境当中,而表征着其所指的人物角色正与某个(某些)其他角色形成鲜明对照。他因此提出了"对比性"(contrastiveness)条件和"语篇凸显"(discourse prominence)条件,并且认为正是这两个条件支配着英语篇章中局部无约束反身代词的用法。

Baker(1995:70)根据实例观察进一步指出,局部无约束反身代词的主要功能未必是表达意识主语的视点。因此,他主张放弃"视点回指假说"(logophoric hypothesis),采取不同的分析方案,即朴素地把(英语)局部无约束反身代词分析为奥斯汀和其他英国作家作品中普通代词的一种强化或强势形式(intensive version),而且是一种非主格代词形式。这等于说,局部无约束反身代词是普通代词的一种变体。因而,在 Baker(1995)的论述中,局部无约束反身代词被定义为强化性名词短语类别中一种特殊的小类或者次类(sub-class),而所有格形式的强化或凸显形式由"属格代词+own"构成。Baker(1995:85)将 Zribi-Hertz(1989)的观点和他自己的观点用如下图示进行对比:

(3.28) 局部无约束反身代词 <―――――――> 意识主语

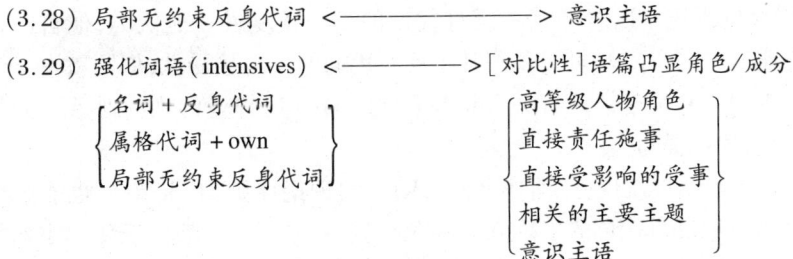

―――
① Baker(1995)所说的局部无约束的反身代词(locally free reflexive)相当于 Zribi-Hertz(1989)的长距离约束性反身代词(long-distance bound reflexive),二者都等于本书中所说的长距离反身代词(long-distance reflexive)。

(3.28)代表 Zribi-Hertz 的观点,表示局部无约束反身代词和意识主语之间存在直接关联。(3.29)是 Baker 提出的假说,左侧栏为强化(强势)词语类别,分为三个小类;右侧栏为[对比性]语篇凸显角色或成分,分为五个小类。"名词+反身代词"(如 the students themselves)叫做完整强化词语(full intensive);"属格代词+own"(如 her own)为所有格强化形式。"局部无约束反身代词"(如 themselves)和"意识主语"处于底层,分属于两大类中的小类。

下面这个例子是 Baker(1995)用来质疑 Zribi-Hertz(1989)区分的有关"主观"和"客观"叙述视点的实例。

(3.30) That **she** should receive an offer of marriage from Mr. Darcy! that he should have been in love with **her** (*herself) for so many months! so much in love as to wish to marry **her** (*herself) in spite of all the objections which had made him prevent his friend's marrying her sister, and which must appear at least with equal force in his own case, was almost incredible! It was gratifying to have inspired unconsciously so strong an affection.

按照 Baker 的分析,*Pride and Prejudice* 的女主人公 Elizabeth Bennet 为此处的"意识主语",所以是出现两次的 her 的所指对象。这段话描写 Darcy 对女主人公的强烈爱情,从其语法和标点符号"!"不难看出,这是一段充满感情的话语,远不只是对事实的客观陈述。故而,Baker 认为,Zribi-Hertz 的理论难以解释其中反身代词的不可接受性。他认为,他自己提出的理论体系(3.29)可以预测其中反身代词的不可接受性,原因就在于该段话语(3.30)完全缺乏有关 Elizabeth 同 Darcy 所钟爱的别的对象之间的任何"对比性描写"。

我们不难发现,按前述 Zribi-Hertz 的理论原则如(3.25),也能解释例(3.30)中反身代词的不成立的根源。其中,两个 her 都位于独立小句并且都是深嵌于(deeply embedded)小句结构构成的不可逾越的独立视点领域(DPV)当中,致使反身代词不能进入语篇而无法建立视点回指。注意,这里 should 表示出人意料的惊奇色彩,从而在更大程度上增强了篇章叙述的客观性要求,促使叙述者从客观视角而不能以(内部主人公的)主观视角进行叙述。有意思的是,如下所示,我们的语料中与例(3.30)相对应的汉译文本例(3.31)也毫无意外地体现了客观性叙事特点。而这,一方面显示译者着意在译文中力求展现原作的文体风格及叙事视角,另一方面则说明,汉英篇章在其他条件相同情况下,一般都遵从相互平行的回指建构的制约规律。就是说,与英语原文例(3.30)相对应的汉译文例(3.31),因(3.25)的原则同样不能允准反身代词"她自己"或"自己"的使用,也就无法形成以"意识主语"为中心的(主观)视点回指或长距离反身化。

(3.31) 达西先生竟会向<u>她</u>求婚,他竟会爱上<u>她</u>好几个月了!竟会那样地爱<u>她</u>,要和<u>她</u>结婚,不管她有多少缺点,何况她自己的姐姐正是由于这些缺点而受到他的阻挠,不能跟他朋友结婚,何况这些缺点对他至少具有同样的影响……这真是一件不可思议的事!一个人能在不知不觉中博得别人这样热烈的爱慕,也足够自慰了。

当然,Baker(1995)提出的制约反身代词用法的"对比性"条件和"语篇凸显"条件也有相当的合理性——语篇中的局部无约束反身代词确实有对比和凸显或强化的功用。例如:

(3.32) a. Vain indeed must be all her attentions, vain and useless her affection for **his sister** and her praise of **himself**, if he were already self-destined to another.
b. Good heavens, even **he himself** had forgotten that children's party at the Tournement.

(Baker 1995)

而笔者觉得,"对比"和"凸显"相对来说只是长距离反身代词众功用之中的两种,或可说是附带的、非主要的用法,而篇章回指和/或视点回指才是其更主要、更基本的功能,尽管在汉英篇章中的表现程度可能不尽相同。就此,再回头观察一下以上的例子。譬如,例(3.30)中,即使其间增加对比项,恐怕也难以保证反身代词能取得语法性;而例(3.32a)中的对比成分(his sister),就是不出现也不至于影响该反身代词的用法。例(3.32b)中的"he himself"才是真正的强化或强势结构,himself 做同位语,作用是对核心成分 he 的所指实体予以强化或凸显(参见刘礼进 2008b),它跟例(3.32a)中用作回指语的 himself 有根本区别。可见,将作同位语的反身代词定义为强势词语或强化反身代词(参看 König 1991, Cohen 1999, Stern 2004)是恰当的;而 Baker 将局部无约束(长距离)反身代词和"名词+反身代词"(同位语结构)归入同一类,看作普通代词的强化形式,其做法似欠妥当。

相比之下,我们觉得 Zribi-Hertz (1989)的"意识主语"理论更趋于合理,能更好地预测长距离反身代词的受约束现象,但它也有局限性。比如,从"最小意识主语"的定义(3.19)看,(i)它只处理代词左侧(上文)的先行语,忽略了右侧(下文)的先行语——未顾及到语句中的下指情况;(ii)它包括了(不该包括的)原则上并无篇章回指功能的说话人/受话人在内。

3.5 视点回指/长距离回指的语用学研究

视点回指和/或长距离回指(长距离反身化)也是语用学研究中的热点课题。以在 Grice (1957, 1975, 1978)"会话含意理论"(含"合作原则"和"会话准则")基础上发展的新格莱斯语用学(neo-Gricean pragmatics)理论为代表的各种语用方案更具有影响力,相关研究包括 Reinhart (1983, 1986)、Kempson (1984, 1988a, 1988b)、Horn (1984, 1989)、Levinson (1991, 2000)、Huang (如 1994, 2004a, 2004b, 2007),等等。为避免繁冗起见,下面只讨论 Horn 的二分原则语用理论(§3.5.1)、Levinson 的三分原则语用理论及三个分析方案(§3.5.2)、Huang Yan (黄衍)的回指理论体系(§3.5.3)。因为,一方面它们代表新格莱斯派语用理论,尤其是回指理论的最新发展;另一方面,也许是更重要的,它们是针对传统主流"管约理论"(GB theory)展开的研究,并号称其理论体系是对管约理论约束原则所做的语用简化,因此更具有概括力和解释力,更具有学术影响力。

3.5.1 Horn 二分原则语用理论

Horn (1984, 1989)提出了一个二分(bipartite)语用学体系。在 Horn 看来,

Grice(1975,1989)的会话准则(除"数量准则"外)①可替换为两条基本的相对性(antithetical)原则:数量原则和关联原则(另见许余龙 2004,Huang 2007)。

(3.33) Horn 的数量原则和关联原则
  a. 数量原则(Q-principle)
   尽量提供足量信息;
   话要尽可能多说(顾及到关联原则)。
  b. 关联原则(R-principle)
   提供必要信息;
   话不必说得过多(顾及数量原则)。

  Horn 的数量原则(3.33a)包含了 Grice(1975,1989)的数量准则第一次则和方式准则第一、二次则。其旨在使信息内容最大化:说话人说出"……p……"时,会话含意为"……至多(不超过)p……",即使用下限原则产生上限含意。最经典的例子见于由"(数)量/霍恩(Q/Horn)等级"产生的会话含意。该等级定义于(3.34)(参看 Horn 1972;Grice 1975,1989;Levinson 1987b,1987b,2000;Huang 2007)。

(3.34) 量/霍恩等级(Q-/Horn scale)
  为使<S,W>形成(数)量/霍恩等级,
  (i) 对于任意句子结构 A,A(S)衍推 A(W);
  (ii) S 和 W 为相同词类、相同语域的词汇化词语;
  (iii) S 和 W 所"关涉"(about)的语义关系相同,或者两者属于相同的
    语义场。

  其中,S 代表语义强势词语,W 代表语义弱势词语。例如,例(3.35),"量/霍恩等级"上的 excellent 可衍推出 good,那么说出 p,上限含意为"至多 p",即含意为"not q"(not excellent)。

---

① Grice(1975,见 Huang 2007:25)的会话含意理论:合作原则:会话发生之时,按你认可的交谈目的或交谈方向所需提供自己的信息。会话准则:1. 质准则:尽量提供真实信息,(i)不说你认为不真实的话,(ii)不说证据不充分的话;2. 数量准则:(i)按(当前交谈目的)需要提供足量信息,(ii)不要提供过量信息;3. 关联准则:说话要有关联性;4. 方式准则:说话要清晰,(i)避免晦涩,(ii)避免歧义表达,(iii)要简练(避免使用无谓的冗长词语),(iv)要有条理(Grice"会话含意理论"汉语译文参考了何自然(1988:77—79),但在措辞行文上做了较大的修改)。

(3.35) < excellent, good >
The company is providing a good digital TV service for this area.
+ > The company is not providing an excellent digital TV service for this area.

(引自 Huang 2007)

与之相对,涵盖 Grice(1975,1989)的数量准则第二次则、方式准则第三、四次则及关联准则的 Horn 的关联原则(R 原则),要求将语言形式最小化:说话者说出"……p……",会话含意为"……多于 p ……",即使用上限原则生成下限会话含意。如例(3.36)所示:由信息小量义的形式"a finger"隐含着较大量义的形式"one of John's"。

(3.36) John broke a finger yesterday.
+ > The finger was one of John's.

Horn 还指出,Grice 的语用推理机制可以大致从量(Q)原则和关联(R)原则之间的互动作用中获得。这就是所谓"霍恩语用力分配律"(Horn's division of pragmatic labor)的作用结果,如(3.37)。(3.37)的意思是:通常情况下关联(R)原则要优先启动,除非对比性语词会产生悖于有关关联(R)含意的量(Q)含意(参看 Huang 1994,2007)。

(3.37) 霍恩语用力分配律
在相应的、无标记的(更简单省力的(less effortful))交互性(alternate)词语可用情况下,使用有标记(相对复杂或冗长的)词语,往往理解为表达有标记的信息(即无标记可选词语不会或不能表达的信息)。

3.5.2 Levinson 三分原则和三个分析法的语用体系

Levinson(1987a,1987b,1991,2000)对 Horn 将 Grice 语用准则简化为"数量原则"和"关联原则"的方案提出质疑,认为 Horn 未能分清他所说的语义最小化(语义上一般性表达优于具体表达)和表达式最小化(简短词语优于冗长词语)之间的界限[①],这样,Horn 的"数量原则"和"关联原则"

[①] 关于两种最小化(节约现象)有合并同化倾向的讨论,请参见 Huang(2007:40)。

的运用便很容易造成相互矛盾的后果。比如说,按照"霍恩语用力分配律"(3.37),"数量原则"的作用主要是针对话语或语篇生成单位的,但是,按"量/霍恩等级"来讲,其效应又是针对语义信息性(semantic informativeness)而论的。

这促使 Levinson 感到有必要区分制约话语表层形式的原则和制约话语信息内容的原则。他于是主张,应将原始 Grice 理论简化成三条新格莱斯语用原则——他将之称作(数)量原则(Q-principle)、信息(性)原则(I-principle)、方式原则(M-principle)。这三条原则都包含两个方面——说话人准则和受话人推理准则。下面(3.38)—(3.40)分别是 Levinson(2000:76,114—5,136—7)语用理论中的这三条原则(相关的汉语译文可另见许余龙 2004:274ff)。

(3.38) Levinson 的量原则
说话人准则:陈述的信息量不要弱于你所掌握的世界知识,除非所做的强势断言会违反信息原则。
受话人推理:相信说话人所做的最强势断言符合其所知,因此:
a. 若说话人说出 A(W)——A 为句子结构,W 为信息弱于 S 的词语,且对比集 <S, W> 构成霍恩等级,从而 A(S)可衍推 A(W)——那么,推断说话人知道强势断言 A(S)为假。
b. 若说话人说出 A(W),且 A(W)不能衍推出更强的断言 A(S)将可衍推的内嵌句 Q,并且<S, W>构成对比集合,那么推断说话人不知道 Q 是否成立。

(3.39) Levinson 的信息原则
a. 说话人准则:最小化准则
必须尽量少说,即提供足以实现交际目的的最少语言信息(注意遵守量原则)。
b. 受话人推理:语用充实(enrichment)准则
扩充说话人话语信息内容,根据个人判断找到符合说话人意图意义的最具体解读(除非说话人违反最小化准则,使用有标记或冗长的表达式)。具体地讲,
(i) 假定所述情景或事件之间时序、因果及指代关系最为充实,符合常规;
(ii) 假定所指对象或时间之间存在常规关系,除非与(i)相矛盾;

(iii) 避免做出增加所指实体的解读(假定指代节约):具体而言,简约式名词短语(如代词或零形式)应优先理解作同指;

(iv) 假定语句所描述的为现存实际——如果这与常规情况相吻合。

(3.40) Levinson 的方式原则——简化版
a. 说话人准则:不要无端使用有标记的(冗长的)表达式。
b. 受话人推理:以有标记方式说出的话不是无标记(简单)的话语。
(Levinson 2000,也见 Huang 2004a)①

　　以上三个原则组成 Levinson(2000)的语用理论框架,可用以解释话语的常规理解过程中产生的各类不同的"广义(一般)会话含意"(generalized conversational implicature)(许余龙 2004:275)②。在 Levinson 看来,要将这些原则具体运用于对所指词语和回指结构的理解,可在同一理论框架内采取三种不同的分析方法,也就是他的三个新格莱斯语用回指分析法——"A-始分析法"、"B-始分析法"、"B-然后-A 分析法",第三个分析法又称为"'A-始'和'B-始'联合分析法"(见 Levinson 1987b,1991,2000:§4)。这三种方法简述如下。

A-始分析法

(3.41) Levinson 的 A-始分析法(A-first analysis):
a. 在句法允准用反身代词直接编码为同指的场合使用信息更弱的词语,如非反身代词,将量隐含着(Q-implicate)非同指(分指)解读。
b. 其他场合下,那些语义宽泛、(最)小量信息的词语(代词或零形式)的使用,将按照信息原则优先解读为同指。
c. 使用一个有标记的词语,即在可用代词的场合用了词汇名词短语或在可用零代词的场合用了代词,将方式隐含(M-implicate)分指解读。

---

① 原始的"方式原则"可参见 Levinson(2000:136—7),相关的汉语译文参阅许余龙(2004:275)。
② 关于这三条原则组成的语用机制的运用,详阅 Levinson(2000)和 Huang(2007)的有关章节。

现将"A-始分析法"的运作过程简述如下。Levinson 接受 Dowty (1980) 和 Reinhart (1986,转引自 Huang 1994) 的思想,认为如果我们同意把 Chomsky 的约束 A 原则当作基本语法规则,约束 B、C 原则就可以通过运用"A-始分析法"(3.41) 部分地简化成语用法。具体可按照如下方式获得。若约束 A 原则被看作语法规则,则约束 B 原则就是"量原则"运用的结果:在语义更强的反身代词可用时用了语义较弱的代词,将"量隐含着"信息量更大的反身代词表达的同指解读不成立。另一方面,在反身代词不出现的场合下使用代词,将"信息隐含着"优先取同指解读。同理,约束 C 原则是运用"量原则"和"方式原则"所产生的直接后果。每当可用反身代词时使用了词汇名词短语,将会"量隐含着"(信息偏弱的)同指解读不成立。相对而言,在反身代词不可用而代词按信息原则可用的场合下,使用较冗长的名词短语,将会"方式隐含着"信息原则隐含的同指解读不成立。

以下举几个例子,对这样的语用原则做些说明(例子引自 Levinson 2000:287)。

(3.42) a. $John_1$ likes $himself_1$.
      b. $John_1$ likes him_2.
      c. $John_1$ told her_2 and he_1 gave her_2 a valentine.
      d. *$John_1$ told her_2 that $himself_1$ gave her_2 a valentine.
      e. $John_1$ told her_2 and the man_3 gave her_2 a valentine.

由于例(3.42a)中 himself 按约束 A 原则与 John 同指,因此例(3.42b)中语义弱项 him,则按量含意对比等级 < himself, him > 推断出同指不成立,只可解读为分指。而例(3.42c)中 he 和例(3.42d)的 himself 两者之间无交叉关系,因而不存在"量等级/霍恩等级"来防止例(3.42c)中的 he 同 John 之间由"信息含意"产生的同指理解。最后,在例(3.42e)中,在本可使用无标记的 he 的场合下用了 the man,这则"方式隐含着"(M-implicate) 此处不接受 he 表达的同指解读(详细的分析见 Levinson 2000:287ff)。

"A-始分析法"的主要问题在于,它严格依赖"约束 A 原则",这等于预先设定反身代词和代词总是产生对立互补关系。可是,语言事实并非总是如此。例如,在例(3.43a)和(3.43b)中,汉语反身代词与代词可进入相同句位而不构成所指互补关系。

(3.43) a. 张三₁说他₁游览了长城。
b. 张三₁说自己₁游览了长城。

此外,有些语言(如澳大利亚的某些土著语)系统中没有反身代词这一词类。因而,以反身代词与代词的互补分布为前提的"A-始分析法"对于没有反身代词系统的语言来讲无疑是没有意义的(许余龙2004:278)。

B-始分析法

为了克服上述"A-始分析法"的问题,Levinson (1991, 2000)根据Farm & Harnish (1987)以及Huang (1987)提出的建议,在相同的语用理论框架下提出了一个不同的方案,叫做"B-始分析法"(B-first analysis)。该方案以Chomsky 的"约束B原则"所规定的语法约束为基础,并视之为基本结构式,由此,受约束A、C原则控制的结构,可通过(前述)新格莱斯语用推理原则的相互作用"无偿地"(for free)获得。该方案的原理大致如下:假定表示"约束B原则"特征的结构为基本指代结构(如小句中代词与另一论元成分不同指)且被视为是"信息原则"(I-principle)作用的结果,并且,还假定反身代词和词汇名词短语之于代词和零形式是较冗长的、有标记的词语;那么,在代词或零形式可用的场合下使用反身代词或词汇名词短语,将会"方式隐含着"(M-implicate)以代词或零形式表达的(分指)解读不成立。例如:

(3.44) a. John₁ hit him₂.
b. John₁ hit himself₁.
(3.45) a. 祥子₁看了看他₂。
b. 祥子₁再看看自己₁。

以上两组英汉及物句子中,既然例(3.44a)和(3.45a)宾语位置上的代词"him"和"他"按"信息原则"理解为分别跟(局部)主语"John"、"祥子"呈分指关系,那么,例(3.44b)和(3.45b)中相同位置上的反身代词,则按"方式原则"推断为跟该(局部)主语同指。

这是"B-始分析法"的工作机制和原理。由于及物小句动词描述的事件(或状态)为常规动作,即施事往往施动于其他实体(而不是本身),这是人类常规性动作行为使然,符合"分指假说"(disjoint reference presumption, DRP)(Farmer & Harnish 1987)①和"信息原则"的预测。就是说,受话人推理时应对名词成分所指实体做出常规关系推断(除非推理有违常规),如上列两对句子中(a)句中的代词与主语名词之间的所指关系。然而,按照"方式原则受话人准则"又可做出相反的推理,即在说话人违反最小化准则而使用有标记、较冗长的词语时,则依照"方式隐含"原理对所指实体做出与常规相对立的推理理解为同指,如上述两对句子中(b)句的反身代词与主语名词之间的所指关系。这是"方式原则"按"量(Q)"、"方式(M)"、"信息(I)"三原则的作用等级顺序(Q > M > I)压倒"信息含意"而导致的结果。

"B-始分析法"也存在一定的问题。譬如,该方案不能正确预测专有名词和有定名词的所指,如例(3.46)中 the man 按"方式原则"应理解为与主语 John 同指,因为它是相对于代词 him 更冗长的有标记词语。该方案也不能解释汉语例子(3.47)中反身代词与代词之间的语义差异——此时"自己"和"他"都合乎语法,但两者又有所区别(参看 Huang 1994)。

(3.46) John$_1$ criticized the man$_2$.
(3.47) a. 张三$_1$说自己$_1$不爱喝咖啡。
　　　 b. 张三$_1$说他$_1$不爱喝咖啡。

"A-始"和"B-始"联合分析法

反观例(3.47)可知,说 <自己,他> 构成的是方式含意对比集,不如说是量含意对比集(即霍恩等级),并且,这一量含意对比属于视点回指义(指向性)对比(contrast in logophoricity),而不是所指义对比(contrast in reference)。这一情形促使 Levinson 提出"'A-始'和'B-始'联合分析法"(synthesis of the A-first and B-first accounts)或者叫做"B-然后-A 分析法"(B-then-A analysis)。

---

① Farmer & Harnish(1987)的"分指假说"为:述谓的(两个)论元意在分指——除非另有标记(marked otherwise)。

这一分析法旨在解决反身代词和代词均可出现于相同位置情况下名词成分的所指/回指问题,亦即在解决代词与局部受约束反身代词所指对立的同时,也可处理代词与长距离反身代词的视点性对比关系(Levinson 2000:346)。

(3.48) Levinson(2000,又见刘礼进2008a)的"A-始"和"B-始"联合分析法有两条语用原则在起作用:
  a. "分指假说"(DRP):假定同一个小句中共现论元之间为分指,这是"信息原则"的常规假说。
  b. 反身代词与(普通)代词之间"级差量含意对比假说"(scalar Q-implicature contrast),即根据反身代词与(普通)代词的不同语义强度形成相互对比:前者具有强制的所指依存性,后者的所指依存性是非强制的;前者显示主语视点回指和强调性,后者无此显示。

  这两条原则的基本意思是,两个假说交叉启用,第一假说(3.48a)"分指假说"确保先行语与回指语为句内共现论元成分的场合下反身代词与代词始终构成所指义对比,超出这样的范围,就由第二假说(3.48b)"级差量含意对比假说"确保长距离反身代词与普通代词的对比,但这种对比并不是强制性的所指义对比,可以是视点回指义对比。

  Levinson 的这一联合分析法显然要优于其"A-始分析法"和"B-始分析法"。若如此,它既可处理小句中反身代词跟代词的对比问题,如以上例(3.44a)与(3.44b)或例(3.45a)与(3.45b),也可处理反身代词与代词的对比,如例(3.47a)和(3.47b)。具体地说,比如汉语"自己"与"他"构成"霍恩等级"<自己,他>,例(3.45b)中"自己"的使用则引起量含意,由于例(3.45b)"自己"和例(3.45a)"他"都处于及物小句宾语位置,因而,信息原则(3.48a)确保这一量含意对比为所指义对比。而在例(3.47a)与例(3.47b)中,由于"自己"和"他"超出了及物小句宾语范围,因此不适用于(3.48a),而按(3.48b)可以保证"自己"和"他"形成对比,但这一对比并非(强制性)所指义对比,而是视点回指义对比。

  如 Levinson(2000:247)指出的,"A+B 联合方案"是共时性(synchronic)分析法,总算在一定程度上解决了回指的核心问题,但是有些问题依旧未能解决。比如,尤其是我们仍然不清楚为什么(长距离)反身代词享有视点回指解读,而这在小句内却不然。又比如,其指代标记性缘何而起也是个有待解释的问题。他认为,需要从历时(diachronic)角度深入考察各种语言中存在的回指结构形式才能够完全解决这些问题。

Huang (1994)提出,虽然"A-始 B-始联合方案"是较之前的两种方案更好的分析法,但它仍然未表明反身代词本身到底该如何理解;还有,代词的用法该方案也未解释好;再有,词汇名词被搁置在了一边,因为这一联合方案不涉及"方式原则"的运作。鉴于此,Huang (1994)较完整地提出了他的新格莱斯语用学回指理论,最近又提出了改进的新格莱斯语用回指理论(a revised neo-Gricean pragmatic theory of anaphora)(见 Huang 2004a, 2007)。下面我们将讨论他的这一回指理论体系。

3.5.3　Huang Yan 的语用学回指理论

Huang (1994)将 Levinson 的三条语用原则(量、信息、方式原则)专门应用于回指研究,从而建立了一个新格莱斯语用学回指确认机制(neo-Gricean pragmatic apparatus)。他认为,这一理论方案可以解释语言中各种各样的回指表达式。他最近又推出了"新格莱斯语用学回指理论修订版"(参看 Huang 2004a, 2007)。下面介绍该理论体系的有关原则、条件和假说。

(3.49) Huang Yan(黄衍)新近修订的新格莱斯回指理论

 a. 理解原则

  (i) 回指词语 x 的使用将"信息隐含着"局部回指解读,除非出现以下(ii)和(iii)的情况。

  (ii) 存在一个回指义的"量/霍恩等级"(Q-/Horn scale) <x, y>,其中 x 的语义量大于 y,这种情况下,y 的使用,则"量隐含"与使用 x 时所产生的信息含意构成所指义互补对比关系。

  (iii) 存在一个回指性"方式等级"(M-scale) <x, y>,其中,x 相对于 y 是无标记的或者更简单的回指词语,这种情况下,y 的使用则"方式隐含"与使用 x 时所产生的信息含意构成所指义互补关系或期待性(expectedness)互补关系。

 b. 制约条件

任何由以上原则(3.49a)所说的由隐含意得到的理解都受制于下列条件:

(i) 分指假说(DRP)(见下面(3.50));
(ii) 信息显著性,因而:
　　(a) 主句结构产生的隐含意优先于从句结构产生的隐含意;
　　(b) 各种互指(同指)含意解读按先行成分的显著性等级确定优先顺序:主题 > 主语 > 宾语,等等;
(iii) 普遍性含意制约,即:
　　(a) 背景假设,
　　(b) 语境因素,
　　(c) 非自然意义(meaning$_{nn}$),
　　(d) 语义衍推。

(3.50) Huang Yan 修正的分指假说
　　述谓的共同论元意在分指,除非其中之一本身是具有反身义标记的(reflexive-marked)。

这里引用几个例子对 Huang Yan 的回指理论体系的预测力做一说明。

(3.51) a. 小明$_1$喜欢自己$_1$。

(转引自许余龙 2004)

　　b. 小明$_1$喜欢他$_2$。

(同上)

　　c. 小明$_1$说 ϕ$_1$ 下个月结婚。

(同上)

　　d. 小明$_1$说他$_1$下个月结婚。

(同上)

　　e. 小明$_1$说自己$_1$下个月结婚。

(同上)

(3.52) 主席$_1$总是以为他/自己/他自己$_1$对,别人都不对。

(Huang 2004a)

(3.53) a. 老谢自杀了。

(Huang 2007)

　　b. On that occasion, the boys **behave** (**themselves**) badly.

(同上)

现在,根据我们对该理论体系(3.49)的理解并结合黄衍先生本人的意见(Huang 2004a,2007,2008,个人交流2008),对上列例子做出解释。例(3.51a)宾语位置上的"自己"按上述"理解原则"之信息隐含(3.49a—(i))作同指理解,解读为与主语"小明"同指;例(3.51b)的宾语"他"按分指假说(DRP)(3.49b—(i))即(3.50)理解为与主语"小明"不同指,当然,也可启用"理解原则"(3.49a—(ii))得到同样的结果。例(3.51c)中零形式 φ 按信息含意(3.49a—(i))推解为与"小明"同指;在例(3.51d),代词"他"用于零形式可用的句位而按(3.49a—(ii))的量等级(即"他"的语义量大于φ)应理解为与"小明"分指,但是,根据制约条件(3.49b—(iii))又可取消这一量含意产生的分指推理而理解为同指;而例(3.51e)中的"自己",可按照信息原则(3.49a—(i))理解为与"小明"同指,并按(3.49a—(iii))①推出它跟例(3.51d)的互补对比为视点回指义或强调义对比,而非所指义对比。

再看例(3.52),后半句"别人"的使用显示有强调/对比信息传递,因此在语感上"自己"和"他自己"要比"他"来得略微自然;另外,"他自己"要比"自己"表达的信息更强、更具有对比性(见 Huang 2004a:312)。这样,根据 Huang Yan(同上)的方案,以反身代词传递的强调性/对比性便自然而然地产生于"方式原则"(M-principle)的作用,因为在这样的情况下,反身代词的使用将表达强调/对比信息,而代词或零形式不传递强调/对比信息。除此之外,按方式原则(3.49a—(iii))也能预测词形更长的"他自己"要比"自己"更具有强调性和对比性。

最后看例(3.53),这两个汉英句子是他针对自己修改的"分指假说"(3.50)给出的例证。例(3.53a)中,附加于动词的反身性前缀"自"使谓语本身标示自反特征;相似地,例(3.53b)中的动词 behave 也是个内部固有反身性的动词;因而,这两个句子都能为(3.50)中的假设所预测。如此观之,由词汇本身固有反身义标记的动词所构成的反身性结构,也可纳入这一理论体系加以处理。

---

① 根据 Huang(2008,外加个人交流)的观点,(3.49a—(iii))所说的"期待性"(expectedness)具体包括表示"视点回指、强调、对比"等意外性(unexpectedness)的概念、含义。

Huang Yan 的新格莱斯语用回指理论虽然概括力或更强,但也不是没有缺憾。首先,三条理解原则(3.49a—(i)—(iii))分工不够明确,造成其运作的不确定性。比如,对于例(3.51c)—(3.51e)中三个回指词语的理解:"他"之于ф,"自己"之于"他",到底是先启动"量原则"或"量含意"推理(3.49a—(ii))产生分指解读,再由"制约条件"(3.49b—(iii))撤销这一推理而获得回指解读,还是就直接启动"方式含意"推理(3.49a—(iii)),得出两者之间的互补不是所指义而是强调义互补关系的结果①。其实,这三个句子的回指词语还都可直接按"信息原则"(3.49a—(i))做出与局部主语同指的理解,而不必再大费周章动用其他原则——要是不考虑它们之间的序次对比。看来,这一理论体系在内容上看似乎有点失之于循环或重复。

另外,Huang(2004a,2007)的"新格莱斯语用回指理论"对于推理原则的运用,与 Levinson(1991,2000)"新格莱斯语用理论"的用法不尽一致,造成一定程度上的混乱或矛盾。譬如,反身代词与代词之间的强调义/对比义互补关系,在 Huang 的理论体系中由"方式原则"的作用产生,而在 Levinson 的"A-始和 B-始联合分析法"中由"量原则"(即级差量含意假说)的作用产生。还有,局部(宾语位置上)反身代词与代词的所指义互补关系,在 Huang 的方案中由"量原则"的作用产生,而在 Levinson 的"B-始方案"里又由"方式原则"的作用产生。这种理论(学派)内部的不自洽、不一致或相冲突所导致的后果,实际上近乎自我否认业已确立的"量(Q)"、"信息(I)"、"方式(M)"三原则共同起作用时的等级规定"Q > M > I"(见 Levinson 2000:39,Huang 2007:52),从而多少有损于新格莱斯学派的语用理论体系的意义和价值。

---

① 姜望琪(2001)认为,语句中发生的代词和零形式(零代词)之间的差别不在所指(同指),而在风格,即零形式常见于句间成分联系较紧、语速较快的文体中。这样的分析或无道理。然在笔者看来,出现在相同句位上而无所指义区别的"ф、他、自己"如例(3.51c)—(3.51e)(除强调义差别外),主要存在着如前所说的叙述视点表达上的不同:"他"表达客观叙述视点;"自己"表达主观叙述视点;ф表达的叙述视点隐而不现。

3.6 篇章回指的功能语用研究

还有一项需要回顾的相关研究是许余龙(2004)的"篇章回指的功能语用探索",这是(国内)关于篇章回指的最重要研究成果。而本书中所说的篇章视点回指/长距离回指,其实就属于篇章回指的一种。前面多处(如第一章§1.1—§1.2里的有些内容)对该研究和其中的一些相关内容或分析都有提及或转述,但尚未讨论其重要的、有别于上述语用研究理论的理论模式,因而特此择要做一介绍。

许余龙(2004)提出了一个篇章回指的功能语用模式(functional-pragmatic model of discourse anaphora resolution),其解释力甚大。具体而言,该研究以可及性和主题性为理论基础,建构一个有可操作性的篇章回指确认机制(或原则)。这一机制的"基本原理是将主题定义为篇章中某一句子所谈论的实体,这一实体是读者在篇章理解过程中在头脑里建立起来的一个认知心理实体"(许余龙 2004:Ⅲ)。根据该机制,在篇章理解的某一特定时刻,主题可以分为正在谈论的当前主题(current topic)和前面谈过而已被取代的主题(displaced topic)。因此,这一篇章回指确认原则可表述为:在篇章理解的某一刻,(i)高可及性标示语的出现说明,其所指对象是篇章中的当前主题;(ii)中可及性标示语的出现说明,其所指对象是篇章中刚被取代的主题;(iii)低可及性标示语的出现说明,其所指对象是篇章中被取代已久的主题。

许余龙(2004)的篇章回指功能语用模式主要包括三套原则/规则:一是"期待主题的识别原则";二是"期待副主题的识别原则";三是"篇章回指确认规则"。不妨认为,前两套"期待(副)主题识别原则"服务于后一"回指确认规则"。期待主题、副主题的识别原则和修正的篇章回指确认规则(a)如下(见许余龙 2004:197—198):

(3.54) 期待主题的识别原则

  在处理完一个小句后,一个实体 E 是回指确认下一轮任务的期待主题,当且仅当 E 是一个符合如下三个条件之一的篇章参与者:

  a. E 由小句存现结构中的一个无定名词短语引入篇章,

  b. E 由小句主语/主题位置上的那个名词短语表达,或
  c. E 由小句主语/主题位置上那个名词短语修饰语中的一个名词短语表达。

(3.55) 期待副主题的识别原则
  在处理完一个小句后,一个实体 E 是回指确认下一轮任务的期待副主题,当且仅当 E 是小句动词宾语或**副动词**宾语位置上的一个名词短语表达的篇章参与者①。

(3.56) 修正的篇章回指确认规则(a)
  在其他条件相同的情况下,在篇章处理的某一刻,
  a. 遇到一个高可及性标示语表示,其指称对象是:
   i. 当前主题,如果是同一小句内指称,或
   ii. 期待主题或显著期待副主题,如果是跨小句指称。

  根据许余龙(2004:198)的研究,上述修正的篇章回指确认规则(a)能解释其民间故事语料中几乎所有(作为高可及性标示语的)零代词的回指②。进一步根据该研究(许余龙 2004:199—202),汉语篇章中的反身代词与零代词一样,也是典型地用作高可及性标示语,而也能为以上回指确认规则(3.56)所解释。由于在其所搜集的民间故事语料中所有 17 个反身代词的先行语,要么是同一小句主语/主题位置上的名词短语,即当前主题,如例(3.57),要么是前一小句主语/主题位置上的名词短语,即处理含有反身代词的小句时的期待主题,如例(3.58),因此,如许先生指出,被修正的篇章回指确认规则(a),即(3.56),完全可以解释其语料中的这 17 个反身代词的指称(指代)。

(3.57) <u>老木匠</u>一生都不满意自己的技艺。
             (转引自许余龙 2004:201)

(3.58) 可是<u>明子</u>知道姑姑很势利,自己又穷,所以一直不敢提起亲事来。
           (=(1.11),引自该书 202 页)

---

① "副动词"又称"次动词"或"同动词",是指汉语中由动词虚化而来的某些介词,如"给、把",详见许余龙(2004:§6.1.3 和 150 页的脚注①)。
② 关于"回指确认规则(a)"对零代词回指的解释,可参看该书 7.1 节中的具体例析,如例(5)—例(19)。

为了改进篇章回指的功能语用方案,许余龙(2004:216—217,226,247)描述了其充实的期待主题识别原则和修正的篇章回指确认规则(b)/(c),以便于能够处理各种所指词语——普通代词、指示词语、专有名词、有定描述语等的篇章回指功用。被充实(改进)后的期待主题识别原则和被修正的篇章回指确认规则(b)/(c)如下:

(3.59) 被充实的期待主题的识别原则

在处理完一个小句后,一个实体 E 是回指确认下一轮任务的期待主题,当且仅当 E 是一个符合如下四个条件之一的篇章参与者:
a. E 由小句存现结构中的一个无定名词短语引入篇章,
b. E 由小句主语/主题位置上的那个名词短语表达,
c. E 由小句主语/主题位置上那个名词短语修饰语中的一个名词短语表达,或
d. E 由前一小句主语/主题位置上的那个名词短语表达,如果当前小句主语/主题位置上的那个名词短语表达的实体不是一个篇章主题。

(许余龙 2004:216—217)

(3.60) 修正的篇章回指确认规则(b)

在其他条件相同的情况下,在篇章处理的某一刻,
b. 遇到一个中可及性标示语表示,其指称对象是:
   i. 主题堆栈中的第一期待主题,或
   ii. 期待副主题。

(同上 2004:226)

(3.61) 修正的篇章回指确认规则(c)

在其他条件相同的情况下,在篇章处理的某一刻,
c. 遇到的一个低可及性标示语表示,作者的意图是:
   i. 为了指称清楚或主题转换而明确指出某个篇章实体,或
   ii. 重新确立某个被取代已久的主题,或(重新)确认一个当前谈论的主题以表示场景、活动等的转换。

(同上:247)

除此之外,许余龙(2004:218—219)还提出并论述了与篇章回指确认规则密切相关的"语义相容性原则"(3.62)和"语用相容性原则"(3.63),进一步完善了这一篇章回指的功能语用模式。

(3.62) 语义相容性原则(semantic compatibility principle)
在篇章回指确认过程中,
a. 如果篇章中有两个篇章实体可以同时作为篇章回指确认原则所允许的潜在指称对象,那么选择那个在语义上与回指语相容的篇章实体作为回指语的指称对象;
b. 如果篇章回指确认原则所确定的那个篇章实体在语义上与回指语不相容,那么按优先顺序,在期待主题堆栈中选择一个在语义上相容的主题作为回指语的指称对象。

(3.63) 语用相容性原则(pragmatic compatibility principle)
在篇章回指确认过程中,
a. 如果篇章中有两个篇章实体可以同时作为篇章回指确认原则所允许的潜在指称对象,那么选择那个与篇章描述的行为动作过程中的角色在语用上相容的篇章参与者作为回指语的指称对象;
b. 如果篇章回指确认原则所确定的那个篇章实体在语用上与篇章描述的行为动作过程中的角色不相容,那么按优先顺序,在期待主题堆栈中选择一个在语用上相容的主题作为回指语的指称对象。

总而言之,许余龙(2004)的这一篇章回指的功能语用模式具有很强的概括力,不仅可以解读作为极高可及性标示语的零代词或反身代词的回指,而且可以解释其他高、中、低可及性标示语,如代词、指示词语、专有名词、有定描述语等表达式的指称现象。

3.7 小结

本章着重讨论了从语义、语篇分析或功能主义角度开展的有关反身代词视点回指/长距离回指的重要研究成果。

首先观察了Sells(1987)的"三元语篇角色"分析法。这其中,视点回指(被)看成非单一性质的概念和现象,而是由"来源"、"自我"、"支点"三种语篇(-语义)角色相互作用的结果。接下来,检视了篇章视点回指的"移情"分析法(Kuno 1987)。所谓"移情",表示说话人与语句/语篇中人物的认同感，通过事件描述中所取的"摄像视角"（观察视角）来实现。说话人可以从语篇中事件参与者 A 或参与者 B 视角或外部观察者视角，对事件进行描述或报告。按照有关反身代词用法的移情原则，凡含（长距离）反身代词的句子都应从反身代词所指实体的角度做出理解。然后，对比讨论了"意识主语"理论（Zribi-Hertz 1989）和"对比性"/"语篇凸显"理论（Baker 1995）。前者致力于论证长距离反身代词须遵守"篇章语法"原则，英语中若反身代词回指"意识主语"并且不遭遇独立视点领域的阻隔，就表明相关语篇包含主观叙述视点，因此可违背约束原则，允准长距离约束。后者（Baker 1995）不赞同"意识主语"假说，而把"局部无约束反身代词"（locally free reflexive）分析作代词的强化/强势形式，归入包括做同位语的反身代词在内的强化结构之中。Baker（1995）因此认为，英语中这些反身代词一般受制于"对比性"和"语篇凸显"两个条件。再后，讨论了新格莱斯语用学派三位学者（Horn 1984, 1989；Levinson 1991, 2000；Huang 1994, 2004a, 2007）的研究理论，并重点评介了后两者的新格莱斯语用理论体系。末了，对许余龙（2004）的篇章回指的功能语用模式做了简述。

可以看到，这些研究理论和方案各有千秋，从不同方面解释语言中反身代词的视点回指和/或长距离回指现象。它们的一个共同优点在于，大多摆脱了（硬性、刻板的）句法结构窠臼，从语义和篇章功能上着手阐述长距离反身化现象。然而，这些研究也在不同程度上存在一定的局限性。相对而言，笔者觉得，Zribi-Hertz（1989）的"意识主语"、Sells（1987）的"三元语篇角色"、Levinson（1991, 2000）和 Huang（1994, 2004a, 2007）的语用理论体系以及许余龙（2004）的篇章回指的功能语用理论模式更具有影响力。Zribi-Hertz 的研究考虑到影响制约反身代词功能的多种因素，提出了明确的解决办法，或能更令人满意地处理反身代词的回指问题。Sells 的文章虽有明显缺陷，如未真正厘清"来源"、"自我"、"支点"这三种语篇(-语义)角色的关系，但从理论创意性讲，算是一篇难得的、最早在语篇结构框架下较系统分析语言中视点回指的专文，为后人的研究奠定了一定基础。Levinson（如 2000）在"量"、"信息"、"方式"三原则语用理论基础上提出的三个方案——A-始方案、B-始方案、"A＋B"联合方案，这是着重分析处理回指词语（以代词和反身代词为主）的分析法，其理论意义颇为深远。

Huang（如2007）的"新格莱斯语用回指理论"如其名称所示，是专门研究回指的语言学理论，其价值亦不同小可。而许余龙（2004）提出的操作性强、可处理篇章中各种各样指称/回指词语的功能语用模式，是国内关于回指研究最重要的理论成果。这些理论观点将在不同意义上，不同程度地成为我们为本项研究建立分析框架的基础。

下一章，将在上述对前人研究文献回顾的基础上，针对本书的主题，借鉴、汲取其中相关的理论观点及学术思想，来提出本研究的理论框架，并介绍我们的研究计划。

第四章 理论框架和研究方案

4.1 引言

在第二章,我们回顾和评述了管辖与约束理论框架下有关长距离反身化的几项研究及其意义,并且检讨了这些研究的局限性。第三章介绍和讨论了语篇分析和语用学学者关于视点回指和/或长距离回指的一些重要的研究理论。在本章,我们将在语用学和语篇分析的视野下,提出适合本项研究的语用原则或语用机制,作为理论框架,由此统一分析汉英反身代词的篇章回指功能及其他功能特点。

这一章包含两个方面的内容:先借鉴和吸取上述前人研究的理论观点或学术思想,来构建本研究的理论框架(§4.2);然后介绍我们的研究方案或计划(§4.3)。

4.2 理论框架

第三章专门回顾了关于视点回指/长距离回指的重要的语言研究理论。这些研究基本不带形式主义色彩,不囿于传统形式语言学陈规,大多属于语义、语篇分析和语用学成果。这些研究理论与篇章回指现象密切相关,对视点回指和/或长距离回指具有较强的预测力或解释力。因此,下面主要汲取第三章讨论过的理论观点或学术理念来提出我们的语用原则,并以此作为本书分析的理论框架。

4.2.1 汉英长距离反身代词的语用原则

我们将着重借鉴 Zribi-Hertz (1989) 的理论观点以及格莱斯会话合作原则 (Grice 1975, 1989) 和新格莱斯语用学理论 (如 Levinson 2000; Huang 2004a, 2007) 的思想、方法,并在一定程度上采纳 Baker (1995) 和 Sells (1987) 等人研究中有用的学术概念,构建一条关于篇章视点回指的总的语用原则或语用机制,以便对汉英(第三人称)反身代词的用法做出一致性分析。

我们的基本思路、思想,是接受上述文献中有关"主人公"的概念观点,并具体将"语篇内部主人公"(discourse-internal protagonist) 作为最重要的概念纳入我们的分析框架。在本书中,"主人公"非严格地被定义为相关语篇中最重要的个体 (individual),该个体是叙述者(说话者)确立的责任承担者,对语篇的进展起主导作用。另一方面,"主人公"又被视为一个相对具体的语篇—语义角色,形式上标记作 P,它是回指语(本书中指反身代词)的指示中心,几如 Sells (1987) 的"支点(基点)"(pivot) 角色或"(内部)自我"(self) 角色。在我们看来,所谓的视点回指 (logophora/logophoricity) 正是指由此回指语(反身代词)指向这一指示中心(P)所构成的照应关系。

前述 Zribi-Hertz (1989) 的"意识主语",也译"意识主体"(见许余龙 2004:262),基本上跟"主人公"概念相当。但是,前者的定义涵盖面过大,不单包括篇章内名词短语的所指对象,还包括说话人和受话人。我们觉得,就篇章回指而言,表示说话人和受话人的第一、二人称代词至多是边缘成分,其对语篇连贯的建立贡献不大。而且,"意识主语"给人以更抽象、费解的感觉,似不如"语篇主人公"来得直白易懂、具体而"坐实"。

"主题性"(如 Kuno 1987, 许余龙 2004) 对本文语用机制的建立应该也是个不错的概念选择。许余龙 (2004:247—8) "篇章回指确认原则" 中主题成分(包括副主题和期待主题)被确定为回指处理的重要的关键性因素。这一基于认知语用功能的篇章回指确认模式,如前所说,可用于处理各种各样的回指词语的用法,涵盖了零代词、代词、反身代词、指示词语、专有名词、有定描述语等。因而这一解释力极强的回指理论体系已超出本文的研究范围。

然而，我们认为，以往形式语言学的相关方案如"主语导向（指向）"（subject orientation）分析法（如 Huang & Tang 1991, Battistella & Xu 1990）存在较明显的局限性，它不能解释反身代词的先行语不在主语位置（如先行语在定语、宾语位置）的例子。比如，下列句子中处于宾语位置上的先行语就无法用主语导向分析法处理，可是把做先行语的"他"和"小明"分析做句内主人公则不成问题。

(4.1) a. 这件事告诉他$_1$自己$_1$以前的想法不一定对。（=(2.39)）
     b. 这件事使他$_1$认识到自己$_1$以前的想法不一定对。

(4.2) 妈妈表扬了自己$_1$使小明$_1$很高兴。（=(3.6)）

鉴于以上原因，我们认为，"主人公"是个相对可靠、更有概括力的概念，因而我们将据此建构可称之为"最小语篇主人公导向"（MDP-orientation）分析法的语用原则。在提出我们的语用原则或机制之前，作为语用理据，先要从形式上描述汉英篇章中反身代词的语义量或语义信息，以便建立（长距离）反身代词与代词（Pr）之间的语义量等级，从而分清反身代词与代词的语义功能差别。

汉语有简单反身代词"自己"和复合反身代词"Pr-自己"。而英语只有（复合）反身代词"Pr-self"（代表单复数）。另外，鉴于英语物主代词短语"one's own"被认为具有反身义（参看 Baker 1995, Levinson 2000），我们把它当作属格反身代词（作为 Pr-self 成分），必要时纳入本书后面的讨论。现将这些指代词语的语义信息依次描述如下：

(4.3) 汉英（第三人称）反身代词语义（量）普遍表征形式
$$\text{NP} \begin{bmatrix} \text{w} \\ \sim [1,2], \{Sg/Pl, Log, Em\} \end{bmatrix}$$
$$[x_i]\ [x_i = P]$$

(4.4) a. 汉语"自己"的语义表征
自己
$$\text{NP} [\sim [1,2], \{Sg/Pl, \underline{+Log}, \underline{+Em}\}]$$
$$[x_i]\ [x_i = +P]$$
    b. 汉语"Pr-自己"的语义表征
Pr-自己

NP [~ [1, 2], {Sg/Pl, +Log, +Em}]
[x_i] [x_i = +P]

(4.5) 英语"Pr-self"(含复数形式和"one's own")的语义表征
Pr-self
NP [~ [1, 2], {Sg/Pl, +Log, +Em}]
[x_i] [x_i = +P]

(4.6) 汉英(第三人称)代词(Pr)词义(量)普遍表征形式 ①
w
NP [~ [1, 2], {Sg/Pl, -Log, -Em}]
[x_i] [x_i = -P]

说明:w = 反身代词(代词);~ = 否定或排除;1 = 第一人称代词;2 = 第二人称代词;Sg = 单数;Pl = 复数;Log = 视点回指义;Em = 强调义;x_i = w 的所指实体;P = 主人公(名词短语),亦即指示中心;+ = 强制性语义特征;+ = 非强制性(optional)或无标记(unmarked)语义特征;- = 语义特征的缺失或无此特征。

汉、英语代词作为参照项,我们仅给出其总的语义表征形式如以上(4.6)。根据上述语义信息描写形式,汉英反身代词与代词之间的语义等级可表述为(4.7)。

(4.7) {自己 =/> Pr-自己} > Pr
      {Pr-self (-selves)}

汉语中简单(simplex)或光杆(bare)反身代词"自己"的语义量,一方面可理解为与复合(complex)反身代词"Pr-自己"相当:一般场合下,前者携带强制性视点回指义;后者带有强制性对比义。但另一方面,"自己"的词义信息亦可理解为强于"Pr-自己",因为它对篇章回指解读的贡献更大,可赋予其视点回指义更大的权重比。这种"大权重"特征已初步为简单反身代词在书面篇章中的高频率现象所证实(参见刘礼进 2008a)。

现在,我们可以较系统地提出和阐述汉英篇章中(第三人称)长距离反身代词的语用原则或语用机制,如(4.8)。

---

① 鉴于操作和处理的困难,本研究原则上不考虑零代词或零形式的用法。

(4.8) 汉英长距离反身代词的语用原则
   a. 理解准则①
      (i) 汉英篇章(片段)中,出现在一定位置上的反身代词通常应理解为指向(回指)"最小语篇(内部)主人公"(minimal discourse-internal protagonist, MDP)②,除非语篇领域环境(如对比成分的同现或说话者另有意图等)阻止或改变这样的解读。
      (ii) MDP 是指语篇(片段)中通常出现在反身代词上文/左侧(或下文/右侧)最接近、可通达的(accessible)并可作篇章视点回指解读的显著实体(个体),具体编码为名词性短语或名词短语组合(含具有独立指述性的代词)。这一名词性短语可视作"视点中心名词短语"(logocentric NP)③。
   b. 生成准则 ④
      (i) 汉语中,在简单反身代词"自己"、复合反身代词"Pr-自己"和代词(Pr)都可用以建立长距离回指的场合下,说话人应优先选择"自己",表达篇章视点回指关系,以节约受话人语篇推理时间和努力,除非:
         (a) 按语篇领域环境/条件(或说话人认为)应优先使用"Pr-自己"构成强对比或强调性结构⑤;或:
         (b) 语篇领域环境只允准(或说话人认为应当)使用 Pr 构成客观叙事领域;⑥或:

---

① 这里的"理解准则"部分参考了 Zribi-Hertz (1989) 的"语篇原则",但两者的具体内容大不相同。而 Sells (1987) 是更早的最全面系统描述视点回指的论文,所以我们所涉及的(视点回指)理解准则其实与 Sells 的研究不无关系。
② 据 Zribi-Hertz (1989) 的看法,这里所谓的"最小语篇主人公"属于篇章(语篇)语法的概念,部分借鉴但不同于文学理论上所说的(小说或戏剧)"主人公",前者指局部篇章片段中重要的或显著的个体,后者指整个文学作品中最主要的人物角色。
③ 这一术语或概念来自于 Stirling (1993:266),在本研究姑且可作"最小语篇主人公名词短语"理解。
④ 此处的"生成准则"在一定意义上部分折射出或反映了格莱斯会话合作原则理论(Grice 1975,1989)和新格莱斯语用学理论(如 Levinson 2000:76, 114, 136; Huang 2007:260)的思想或方法。
⑤ "对比性(义)"/"强调性(义)"概念借鉴于 Baker (1995)。
⑥ 从上述指代词语义信息(4.3—4.6)显见,(i)复合反身代词"Pr-自己"的对比义/强调义大于简单反身代词"自己";(ii)代词特征"-Log"表示其表示的叙述观点和篇章领域不是主观的而是客观的(见下一节的讨论)。

(c) 附则:若需同时使用"自己"和"Pr-自己"和/或 Pr 建立双层(多层)回指关系,这种场合下,应以"自己"(或"Pr-自己")指代篇章中的 MDP 实体,以"Pr-自己"和/或 Pr(和/或 Pr)指代其他实体。

(ii) 英语中,在反身代词"Pr-self"(含 one's own)和代词(Pr)都可用以建构长距离回指的场合下,说话人应优先选择大语义量的 Pr-self(或 one's own),表达篇章视点回指和/或强调义或对比义,以节约受话人的语篇推理时间和努力,除非:

(a) 语篇领域环境/条件只允准(或说话人认为有必要)使用 Pr 建立客观叙事领域;或:

(b) 附则:若需使用 Pr-self/one's own 和 Pr 建立双层(多层)回指关系,这种场合下,应当用 Pr-self/one's own (或交替使用 Pr-self/one's own 和 Pr)指代篇章中的 MDP 实体,而用 Pr 指代其他实体。

需要重申的是,如(4.8a—(ii))所述,在特定语境下,做先行语的 MDP 实体或曰视点中心名词短语,有可能出现在回指语(反身代词)的下文(右侧),形成所谓的下指结构领域,比如例(4.9)中的"自己"之于"马先生"、例(4.10)中的 herself 之于 Elizabeth/she(另见§7.3.1—§7.3.2)。

(4.9) 一想起<u>自己</u>是病人,马先生心里安慰多了:谁不可怜有病的人!

(4.10) Without allowing **herself** time for consideration, and scarcely knowing what <u>she</u> felt, **Elizabeth**, on finishing this letter, instantly seized the other, and opening it with the utmost impatience, read as follows — it had been written a day later than the conclusion of the first:...

还需要提出,汉语简单式和复合式反身代词的视点回指用法和强调/对比功用有可能依不同语境表现出强弱差异的倾向性,不宜一刀切地做出"是"与"否"的界限区隔。譬如,下列语段中的反身代词都指向 MDP 实体:例(4.11a)"自己"="鸿渐";例(4.11b)"自己"="祥子";例(4.12a)"他们自己"="阔人们";例(4.12b)"他们自己/自己"="那四十以上的人"。而作为一种强对比词语,例(4.12a)中的"他们自己"伴随着所指实体"阔人们"与其对比项"许多人"的同现。当然,"自己"在语篇中同样可以伴有其所指实体的对比项的同现,如例(4.11a)的"黑胖子";但是,也可以局部没有对比项的出现,如例(4.11b)(参见刘礼进 2008b)。

(4.11) a. **鸿渐**想准有李医生在内,倒要仔细认认。好容易,扶梯靠岸,进港手续完毕,接客的冲上船来。鲍小姐扑向一个半秃顶,戴大眼镜的**黑胖子**怀里。这就是她所说跟<u>自己</u>相像的未婚夫!<u>自己</u>就像他?吓,真是侮辱!

b. **祥子**没言语,也没生气。<u>自己</u>好像是死了心,什么也不想,给它个混一天是一天。有吃就吃,有喝就喝,有活儿就作,手脚不闲着,几转就是一天,<u>自己</u>顶好学拉磨的驴,一问三不知,只会拉着磨走。

(4.12) a. 每逢战争一来,最着慌的是**阔人们**。他们一听见风声不好,赶快就想逃命;钱使他们来得快,也跑得快。<u>他们自己</u>可是不会跑,因为腿脚被钱赘的太沉重。他们得雇许多人作他们的腿,……

b. [……] **那四十以上的人**,有的是已拉了十年八年的车,筋肉的衰损使<u>他们</u>甘居人后,<u>他们</u>渐渐知道早晚是一个跟头会死在马路上。<u>他们</u>的拉车姿式,讲价时的随机应变,走路的抄近绕远,都足以使<u>他们</u>想起过去的光荣,而用鼻翅儿扇着那些后起之辈。可是这点光荣丝毫不能减少将来的黑暗,<u>他们自己</u>也因此在擦着汗的时节常常微叹。不过,以他们比较**另一些四十上下岁的车夫**,他们还似乎没有苦到了家。这一些是以前决没想到<u>自己</u>能与洋车发生关系,而到了生和死的界限已经不甚分明,才抄起车把来的。

相似的情形也常见诸英语篇章当中,反身代词的使用大都伴有对比成分的同现。比如,例(4.13)中 himself 的先行成分 Morrison 是该语段的 MDP(实体),与其在语篇中同现的对比项为 Poor Louise。

(4.13) **Morrison** glanced once more around the room. He could see now where it got its air of pastiche: the bookcase was a copy of the one in Paul's living room, the prints and the table were almost identical with those at the Jamiesons'. [...] **Poor Louise** had been trying to construct herself out of the other people she had met. Only from **himself** had she taken nothing; thinking of this chill interior, embryonic and blighted, he realized it had nothing for her to take.

(Atwood: Polarities, 转引自 Zribi-Hertz 1989)

4.2.2 主、客观视点领域和生命性/意识性条件

反身代词的用法受叙述视点(narrative point of view)的主观性和客观性的影响。从篇章内部主人公视角进行叙述的,为主观视点(语篇)领域;从外部观察者(说话者)角度,按客观实在描述事件或状态的,是客观视点(语篇)领域(参见§3.4)。例如:

(4.14) Everything was full of the stir, the potency, the fecundity of spring. Suddenly he said aloud: 'Possessiveness is the devil.'
Maggie looked at him. Did he mean **herself** — **herself** and the baby?

(Zribi-Hertz 1989)

(4.15) The music made **her** think of her life as it seldom did; it exalted **her**/***herself**.

(同上)

在例(4.14)中,herself 处于语段中 MDP(Maggie)的(叙述)视点领域内,换言之,其所在的最小语篇是主观性的,因而能逾越小句结构主语(he),实现长距离回指或(内部主人公)视点回指。在例(4.15)中,herself 不在语段内的 MDP(her 的所指实体)的视点领域内,亦即其所在的最小语篇为客观性的,因而不能够逾越小句主语(it),导致长距离回指(反身化)不成立,只能使用含有非视点回指特征[-Log]的代词建立语篇连贯。

现在归纳一下主观、客观(篇章)视点领域的定义及其对反身代词用法的影响或制约(参看 Zribi-Hertz 1989,另见§3.4 的相关内容):

(4.16) a. 一个视点领域(DPV)由小句结构(范畴)构成。小句等同于任何主谓结构,主语可以为零形式(即主语省略)。
b. 一个视点领域为主观语篇领域——若它包含一个内部主人公,并以其视角进行叙述;一个视点领域为客观语篇领域——若它以观察者角度,按照客观实在对事件或状态进行描述。
c. 某视点领域为反身代词不可逾越的(opaque)语篇领域,若它在语篇中体现为一个独立的、客观的视点领域;否则,它就是反身代词可逾越的(transparent)语篇领域。

就篇章回指生成而言,主、客观视点领域的产生权有时能让渡与叙述

者(说话者),这时,叙述者也可决定不遵循上述相关的优先准则(见(4.8b—(i)—(b)),在可用反身代词的场合下使用代词(Pr)①,如例(4.13)(改 himself 为 him)和例(4.14)(改 herself 为 her)——尽管有可能造成歧义,以至于增加篇章理解的难度。然而,在有的语境下,说话者倒要受其他因素的制约,必须以观察者客观角度描述有关事件和状态,从而造成反身代词不可用。这是最小语篇主人公(MDP)的"生命性/意识性"条件(animacy/consciousness)的作用使然。例如:

(4.17) 28岁的浙江卫视当红新闻主播梁薇8月26在出差上海期间心脏病突发,送医院后经抢救无效去世。//⋯⋯浙江卫视发布的讣告称,梁薇发病时,同行的同事第一时间把<u>她</u>送到医院进行抢救,并调集上海最好的医生专家会诊。//⋯⋯<u>她</u>在当主播的时候,观众都十分喜欢<u>她</u>,我们常常笑<u>她</u>"老少通杀"。梁薇一直都很瘦,但是非常能吃苦,属于对工作很操心的那种非常细心。同事很少有人知道<u>她</u>心脏不好⋯⋯

例(4.17)来自《南方都市报》的一篇通讯,其中出现的代词"她"(5次),显然一般情况下都不能换用"自己"(或"她自己")。这是因为其所指的 MDP"梁薇"不具有生命性和意识性特征。

这一实例证明 MDP 实体的"生命性/意识性"条件确可支配反身代词的使用。这样的话,除语篇中视点回指领域条件(4.16)之外,对于语用原则(4.8),还必须补充以下的条件才更为完善。

(4.18) 为长距离反身代词所指代的最小语篇主人公(MDP)实体,必须(假定)具备"生命性/意识性"特征②,因而它通常属于"指人"(human)

---

① 另据 Stirling (1993:266ff) 的观察,所有语言中,说话者在给定的语境下,既可用视点回指词,也可用普通代词建立与视点中心名词的同指关系,这一选择在语义上存在显著差别:普通代词的使用表示说话人将命题同化为自己的认知、评价体系,接受并赞同其真值内容;视点回指代词(反身代词)的使用表示说话人不把所报告的命题内容同化为自己的知识系统,不必接受或认同命题内容,而是想撇清对其真值状况、命题内容、语言描述特征的评价责任,并将这种责任让渡给视点回指代词(反身代词)的所指对象。笔者觉得,这段话正是对主、客观视点领域的另一番言异义通的详细注脚。

② 不同于"自我意识"(§2.4.4.),此处"意识性"主要是指广义上的"知觉",是生命性的附加条件,意在强调长距离反身代词回指"指人"的名词语的可能性远远大于表示动物的名词语,而不是规定先行语实体必须能意识到语句命题。

名词性短语。

4.3 研究方案

针对 1.5 节提出的拟探讨的问题(即汉英反身代词视点回指和非视点回指结构式的异同性及分布特征、汉英反身代词在篇章中的功能特点及语用动因、汉英反身代词在篇章中的回指生成模式的异同特点),我们进行了一次基于汉英小说(叙事体)真实语料的实证考察。于此,先介绍本研究的方案和计划,具体包括研究设计、语料搜集、分析方法三个方面。语料考察的结果将在随后两章予以陈述。我们已在第一章初步交代了本书研究的总体目的和分析方法,以下分三小节介绍、描述本书的研究设计、语料搜集和研究方法。

4.3.1 研究设计

本项研究的主要目的是考察汉英篇章中反身代词的用法,尤其是其视点回指的异性和共性。为此,我们充分利用网络电子资源建立了一个小型电子文本语料数据库或曰资料库(data),以顺利完成此项研究工作。本书的语料由三个部分组成:汉英原文本语料(语料 I)、汉译英对比语料(语料 II)、英译汉对比语料(语料 III)。语料(I)为文体、语域相埒(均为叙事体)的汉英原语文本实例;语料(II)为汉语反身代词(以"自己"为主)与其英译对应文本实例;语料(III)为汉译语反身代词(以"自己"为主)与其英语原文对应文本实例。语料(I)用于统计、分析汉语和英语反身代词的视点回指结构式的情形;语料(II)用来统计、分析汉语反身代词(以"自己"为主)与其英语对译的情况;语料(III)用于统计、分析汉译语中的反身代词(以"自己"为主)与其译出语(英语)原文的对应情况。语料的制作(材料搜集、检索、标注等)、分析、统计等所有工作均由本书作者独立完成。

下一节介绍文本语料的搜集制作及其组成成分。

4.3.2 语料搜集和制作

根据本书的宗旨和主题,我们确定选择叙事体小说文本为语料的组成成分。这是因为,小说中叙事体文本是更典型的间接性、转述性篇章或语篇。这种书面体语篇是反身代词出现最多的语言环境,更能揭示汉英反身代词的视点回指和/或长距离回指的功能特点及规律。于是,我们从近现代汉英经典名著(名篇)中检索目标语言材料,制成一定数量的文本语料,以便能顺利、圆满地完成本项研究。汉语小说为《围城》、《骆驼祥子》、《二马》、《林家铺子》、《春蚕》、《中国现代名家短篇小说选》、《鲁迅小说选》(后两本集子中仅选用了部分小说,见附录 I)。对应于这些小说作品的英译本为:*Fortress Besieged, Camel Xiangzi, Mr. Ma & Son — a Sojourn in London, Lin Family, Spring Silkworms, Masterpieces by Modern Chinese Fiction Writers, Selected Stories of Luxun*。英语小说为:*Pride and Prejudice, Gone with the Wind, Oliver Twist, Wuthering Heights*。这四部英语小说的汉译本为《傲慢与偏见》、《乱世佳人》(又名《飘》)、《雾都孤儿》、《呼啸山庄》。为了保持原小说与其译作的文体风格乃至行文措辞特点的一致性,我们取材时尽量选择译入语为译者母语的相关作品,因而,所选的这些汉英小说的译者绝大多数是译入语为母语的作者。这从附录 I 中的译者姓名不难看出:汉语小说英译本的译者中有一名是非译入语为母语的作者,其余均为译入语母语作者;英语小说汉译本的译者都是译入语为母语的作者。

我们从汉语原文小说共 624,155 字数中检索到简单反身代词("自己")的例子 722 个,并随机抽样检索了复合反身代词("Pr-自己")的例子 92 个。从英语原文小说共 805,066 字数中检索到反身代词(Pr-self)例子 93 个。从汉译小说(上述四部英语小说的汉译本)共 1,517,528 字数中检索到简单反身代词("自己")的例子 824 个,并随机检索了复合反身代词("Pr-自己")的例子 81 个。汉译英小说文本,用于制作汉英对比语料,不便计算其总字数。我们将检索到的这些文本语料编制了含汉英反身代词及其对应(对译)词语的例子共 2534 条,然后进行分类,制作成三个小型语料数据库(制作步骤下详)。

由于汉英反身代词在(叙事)语篇中用法差异甚大,据初步匡算,约有80%(以上)的英语反身代词不是真正的(本书定义的)长距离反身代词,而是主要用作局部自反性宾语、副词/状语性同位语、固定词组成分等,造成汉英反身代词例子数量很不均衡(试比较表5.1和表5.2的统计结果)。这一结果大大出乎我们的预料或期望,然而,我们相信这种不可控的语料量的不平衡,不至于影响本研究的总结果。

本书的(汉英小说)语料搜集和制作分四个步骤。第一步,利用网络电子资源搜索下载有关材料。汉语原文小说名著和英文小说汉译作品主要来自于"书札情迷 www.szqm.com、奇书网 www.qisuu.com、小说下载 www.txtbook.com.cn、天下电子书 http://read.txdzs.com"等国内网站或网页(下载时间:2009年7月15日至7月29日)。英语原文小说是从国外网站(Online Book Catalog-Overview-Project Gutenberg)下载的,检索路径为 www.gutenberg.org/catalog/(www.gutenberg.org/browse/scores/top) → top 100 list(下载时间:2009年7月30日至8月8日)。也有的语料是在上述时段之内通过 Google 搜索获得①。另有少量语料来自笔者个人的藏书②。

第二步,从网上书店购买(从互联网未获取的)汉译英书籍资料。这些汉译英图书主要是从当当网和卓越网购得(《围城》英译本 *Fortress Besieged* 的约三分之一内容来自互联网)。

第三步,语料筛选和检索。在计算机上分别从搜集的汉英小说(电子版)筛选、检索目标语料——(第三人称)反身代词出现的语篇文本。分两步进行:先检索汉英两种语言原文小说中所有含反身代词的语篇(语句)和英汉翻译文中含"自己"(包括少量"Pr-自己")的语篇(语句);然后再穷尽式筛选出(第三人称)反身代词用法的语料,也就是将所有非(第三人称)长距离用法的反身代词删除,即剔除局部受约束的自反代词、副状性同位语反身代词、固定词组中的反身代词(如状语性介词短语 for himself、by

---

① 其时 Google(谷歌)公司尚未撤离中国内地。
② 关于语料来源的详细信息,参见附录 I。

herself 等)、第一二人称反身代词以及泛指或直指性反身代词,等等①。要说明的是,英语语料中原则上是以反身代词的一次出现为单位编成一条用例,即一个反身代词词项(lexical item)的出现或使用被编作一个例子。但汉语中反身代词"自己"的连用现象相当普遍,以至于常常出现一个先行语对应多个反身代词的情况。这意味着本项研究的汉语语料的制作既包括单一反身代词对应单一先行语的例子,也包括多个反身代词对应一个先行语的例子(见书后附录Ⅱ中的语料样本举例)。

第四步,语料编排、输入和制作。分三步进行:其一,将含有汉、英语反身代词的文本复制合并成语料(Ⅰ),汉语例子排前,英语例子置后。其二,对照检索的汉语原文即语料(Ⅰ)中的反身代词例子,将(购得的)小说英译文中相对应的内容输入电脑,制作成汉译英对比语料(Ⅱ)(即语料Ⅰ中汉语原文反身代词例子同时出现于语料Ⅱ)。其三,对照检索的汉译文中的反身代词例子,将英语原文小说中相对应的内容,复制合并成英译汉对比语料(Ⅲ)(但确保语料Ⅱ中的例子或内容不再重复进入语料Ⅲ)。所有语料例子中的反身代词和相关的先行成分全部用下划线标注出来。表4.1所列三种语料的样本范例可见于附录Ⅱ。语料(Ⅰ)用以调查汉英篇章中反身代词视点回指结构方式的异同性;语料(Ⅱ)和语料(Ⅲ)用于分析汉语原文中反身代词及其英语对译用语情况以及汉译文中反身代词与其英语原文的对应用语情况。

表4.1　汉英叙事体反身代词语料构成情况

汉英原文小说语料(Ⅰ):	a. 汉语反身代词共722例 b. 英语反身代词共93例
汉译英对比语料(Ⅱ):	a. 汉语简单反身代词及英译722例 b. 汉语复合反身代词及英译92例
英译汉对比语料(Ⅲ):	a. 汉译文简单反身代词及英语原文824例 b. 汉译文复合反身代词及英语原文81例

---

① 对语料的筛选控制只是针对汉、英语原文(即只以汉英原文为基准),不考虑译入语中的文本内容。

4.3.3 研究方法

我们的实证考察采用定性定量相结合的分析方法。此外,主要采取 Chesterman(1998,另见许余龙 2010:§11)的"对比功能分析法"(contrastive functional analysis)来对比考察汉英反身代词的语篇功能。对比功能分析法的一般方法和步骤程序为:(i)确定基本语料,即确定要分析的语言中的目标实例。(ii)界定对比标准:确立两种语言中两种现象之间的相似之处,即确立 A 语言中的 X 现象和 B 语言中的 Y 现象之间的某种相似之处,如汉语反身代词("自己"或"Pr-自己")与英语反身代词(Pr-self)用法的相似性。(iii)明确要分析的问题,比如,我们要分析的问题之一为汉语和英语表达视点回指义的方式到底有什么联系或区别?(iv)提出初始假说:即首先假定 X 与 Y 为等同的。(v)验证初始假说:根据对语言事实或材料的描述、分析,决定支持或推翻初始假说。(vi)提出修正假说,即构拟 X 和 Y 的不等同假说。(vii)验证所修正的假说(参看Chesterman 1998:32—61,又见许余龙 2005:13ff,2010:§11)。

第一章(1.5 节)已具体提出了本书研究的三个问题,即:(1)汉英反身代词视点回指和非视点回指结构式(回指语与先行语的关联方式)具有什么样的异同性及分布特征?(2)汉英反身代词在篇章中具有什么样的功能特点及语用动因?(3)汉英反身代词的回指生成模式(篇章回指的建立和维持/推进手段)的异同特点是什么?

针对这些问题及本研究的目的,我们先分两个相对独立又有所联系的章节对语料进行(功能)对比考察:一是在第五章对比考察汉英原文本中反身代词视点回指结构形式,以回答问题(1);二是在第六章对比考察汉译英文本和英译汉文本中汉语反身代词与其英语对译(对应)用语的情况,以回答问题(2)。这两章的考察程序根据上述对比功能分析法说明如下:其一,确定基本语料;其二,对比观察、分析汉英语语言实例,以证实所提出的初始假说(等同假说)不成立;其三,提出修正假说,并分项对比统计汉、英语语料实例数量,以验证被修正的假说;其四,综合讨论分析汉英反身代词回指式的分布特点(第五章)和汉英反身代词的语法、语篇功用特点(第六章)。最后,在第七章,运用第四章所提出的语用原则,对汉英反身代词在篇章中的功用特点和回指生成模式进行总的、统一的阐析,以解答问题(3)。

4.4 小结

这一章的目的是制定反身代词用法的语用原则或语用机制,作为本书分析的理论框架。我们主要是在借鉴 Zribi-Hertz (1989) 的理论观点、汲取新格莱斯语用学者研究方法和思想并一定程度地吸纳上章所述有关"语篇角色"(Sells 1987)、"对比性/语篇凸显"(Baker 1995)等理论观点的基础上制定了一条汉英反身代词视点回指用法的"语用原则",包括"理解准则"和"生成准则"两个方面。之后,基于初步举例论证这一语用原则对篇章回指的解释力,定义了影响、制约汉英反身代词视点回指的"主、客观(语篇)视点领域条件"和 MDP 实体的"生命性/意识性条件",进一步完善了这一语用原则或机制。

然后,我们介绍、描述了本研究的设计、语料的搜索制作及语料性质,着重说明了我们拟采纳的主要研究方法——"对比功能分析法"。本书的语料考察与其总论析分三章进行,具体安排如下:第五章介绍、探讨汉英视点回指式的分布特点;第六章介绍、讨论汉语反身代词与其英语对译(对应)用语情况;第七章是对第四章建立的语用机制(语用原则)的应用、检验——我们将以这一机制综合阐释汉英反身代词在篇章中的功能特点和回指生成模式。

第五章

汉英篇章中的视点回指式对比

5.1 引言

这一章,我们根据上章所述的研究设计、分析方法及程序,利用语料(I)对汉英反身代词在(叙事)语篇中的视点回指结构式做一考察。鉴于本项研究的目的和汉英反身代词的功能特点,本章专门探讨汉语"自己"和英语"Pr-self"的视点回指或视点表达的结构方式,暂不涉及汉语"Pr-自己"和被认为具有反身特性的英语"属格代词+own(one's own)"的用法①。讨论步骤程序为:确定基本语料(§5.2)→提出初始假说并验证(§5.3)→提出修正假说并验证(§5.4)→进行综合讨论(§5.5)(有关研究另见刘礼进2011b)。

5.2 确定基本语料

先要明确所考察的基本语料(primary data)——用于检验相关假说的语言实例。试观察下列汉语反身代词用法的例子:

---

① 严格地说,相对于词汇化的"自己","Pr-自己"不是真正的反身代词,更像是临时性组合词——尽管有研究(如 Pan 1995,刘礼进2008a 等)视其为复合反身代词,其词性存在两可分析,既可分析做复合词(如作宾语时),又可分析做"核心代词+同位语/附加语"结构(如在主语位置上)。但非严格地说,如相关文献所示,具有自反性的汉语"Pr-自己"和英语"one's own"应可视为反身代词系统的次类。因此,在后面两章我们将酌情加以讨论。

(5.1) a. 他恨<u>自己</u>？打<u>自己</u>？可怜<u>自己</u>？……
　　　b. 他为<u>自己</u>努力，也为<u>自己</u>完成了死亡。

(5.2) a. 院墙塌了好几处，大家没工夫去管，只顾了收拾<u>自己</u>的屋里。
　　　b. 现在经济制度改变了，人人挣<u>自己</u>的钱，吃<u>自己</u>的饭……

(5.3) a. 他必能<u>自己</u>打上一辆车，顶漂亮的车！
　　　b. 没了女仆，她得<u>自己</u>去下厨房做饭。

(5.4) a. 他这是<u>自讨苦吃</u>。
　　　b. 这囚徒<u>自作自受</u>，带累了我们又怎么说呢？

(5.5) a. "你是明白人，<u>自己</u>合计合计得了！"
　　　b. "你肯原谅我，我不能饶恕(我)<u>自己</u>。"

(5.6) <u>他</u>相信<u>自己</u>有那个资格：他有力气，年纪正轻；

(5.7) 在买上<u>自己</u>的车以前，<u>祥子</u>拉过人和厂的车。

(5.8) <u>他</u>的心好似由老远的又落到<u>自己</u>的心口中，擦擦头上的汗，……

(5.9) 这使<u>他</u>非常的痛快，因为别的没有什么可怕的了：地名很熟习，即使有时候绕点远也没大关系，好在<u>自己</u>有的是力气。

(5.10) 想到这里，<u>方鸿渐</u>毛骨悚然。假使订婚戒指是落入圈套的象征，钮扣也是扣留不放的预兆。<u>自己</u>得留点儿神！

例(5.1)—(5.5)不在本书考虑之列。因为，例(5.1a—b)中的"自己"不是长距离反身代词，而是局部受约束(语法化)的反身代词，在例(5.1a)做动词宾语，在例(5.1b)做介词宾语，但仍然是动词行为的目标，两者均与(普通)代词呈所指义对立，不可换用。例(5.2a—b)中的"自己"为泛指用法；例(5.3a—b)中的"自己"用作副词性状语；例(5.4a)"自讨苦吃"和例(5.4b)"自作自受"为固定词组或熟语，其中"自"也做副词状语。这三种情况都不是(典型的)篇章回指。例(5.5a—b)中，第一、二人称用法的"自己"，为直指的(deictic)或外指的(exophoric)，所指的是言语交际直接参与者角色(听话人和说话人)，对篇章回指或连贯的贡献很小。

例(5.6)—(5.10)是本研究的基本语料——第三人称反身代词(视点回指和/或长距离回指用法)实例。例(5.6)是所谓的(标准)视点语域(logophoric domain)的句子结构，小句主语"自己"的视点回指，由视点回指动词(认知动词)"相信"触发而成。例(5.7)中,居前的"自己"指代主语,为下指或后指用法。例(5.8)中,"自己"指代做定语(修饰语或限定语)的"他",也就是说,这里做先行语的 MDP 编码为(主语的)定语。例(5.9)中"自己"的先行语"他"做动词宾语。例(5.10)中的回指结构式与例(5.6)的回指式有点儿相似,不同处在于,此处"自己"做独立句子的主语,用于超句子或语篇层面的回指,先行语"方鸿渐"所在的句子(首句),既是该段的话题句,也是这一回指结构式的触发语(trigger)。

再看英语反身代词的用法:

(5.11) a. But my boys can take care of **themselves** and my horses can't.
   b. As the whisperings merged ..., Scarlett felt **herself** go cold with fear and humiliation.

(5.12) a. Proud people breed sad sorrows for **themselves**.
   b. But each was fighting for a ninety, or even one hundred, per cent for **himself**.

(5.13) a. She had known heartbreak **herself**,...
   b. There was the chairman **himself**, a coarse, rough, heavy built fellow, who,...

(5.14) a. He was **availed himself of** the master's privilege to walk straight in ...
   b. She says she's going to Pennsylvania **by herself** to bring him home.

(5.15) a. Though ambition got you nowhere, destroying **yourself** was not very clever either.
   b. I only know that it is so, and not with me alone, but with hundreds of others as bad and wretched as **myself**.

(5.16) <u>She</u> thought that, after all, a mating between **herself** and Ashley could be no queerer than that of her father and Ellen Robillard O'Hara.

(5.17) <u>Elizabeth</u> related to Jane the next day, what had passed between Mr. Wickham and **herself**.

(5.18) In his present behavior to **herself**, moreover, <u>she</u> had a fresh source of displeasure,...

(5.19) From **herself** to Jane — from Jane to Bingley, **her** thoughts were in a line which soon brought to her recollection that Mr. Darcy's explanation there had appeared very insufficient;...

(5.20) but when she considered how unjustly **she** had condemned and upbraided him, **her** anger was turned against **herself**;...

例(5.11a)—(5.15b)中的英语反身代词跟例(5.1a)—(5.5b)的汉语反身代词用法平行,超出本书的研究范围。与例(5.1a)—(5.5b)相对应,这些英语反身代词的作用依次为:例(5.11a—b):做局部受约束的自反代词例[在例(5.11a)做动词词组的宾语,在例(5.11b)做ECM(例外格标记)结构成分或兼语成分——本书上面未提供相同的汉语例子];例(5.12a—b):用作泛指;例(5.13a—b):用作副词性状语;例(5.14a—b):用于固定词组搭配;例(5.15a—b):为第一、二人称直指用法。

例(5.16)—(5.20)是合格的英语第三人称长距离反身代词语料。例(5.16)为视点语域的句子结构,herself做介词宾语,thought为视点回指触发语。例(5.17)为一般性叙事体句子结构(或叫做"非典型视点语域"的句子),herself回指主语即MDP成分(Elizabeth)。例(5.18)和例(5.19)为下指性反身代词,两者的区别在于,做先行语的MDP在例(5.18)中编码为主语,在例(5.19)中编码为(主语的)定语或修饰语。例(5.20)中herself的最近先行语也是做定语的her,两者处于相同的小句,但不互为共同论元,因而分析为长距离反身代词。这个句子及以上汉语句子例(5.8)的结构相当于前述研究文献中所谓的长距离反身化的"次统制"现象(参阅§2.4.5)。

5.3 初始假说和验证

上面经初步观察将例(5.1a)—(5.5b)和例(5.11a)—(5.15b)排除在外,这一步工作相当于建立起"可比标准"(similarity constraint)(Chesterman 1998:55—57,许余龙 2010:§11)或"共同对比基础"(TC)(许余龙 2002:36ff)。接下来,要提出"初始假说"(initial hypothesis)或曰"初始等同假说"(initial identity hypothesis),可把它表示成 X = Y 或 A

(X) = B(Y)(详见许余龙 2005：13，2002：§2，2010：§11)。就本章的对比考察而言,我们把"初始假说"具体表述于(5.21)。

(5.21) 汉语(A)的反身代词表达视点回指的结构式(X)和英语(B)的反身代词表达视点回指的结构式(Y)相等同。

为了便于对比分析并验证这一初始假说的成立与否,我们根据本项研究的语料调查情况,确定若干回指关联方式。这相当于制定 Chesterman(1998：§1.5.2)所说的"关联可比条件"(relevant similarity constraint)。根据初步分析,按反身代词所指的先行语(表达 MDP 的名词性成分)在语篇中的句法位置分布,可确立如下三种主要的回指关联格式。

(5.22) a. 反身代词──→主语 MDP
b. 反身代词──→定语(修饰语)MDP
c. 反身代词──→宾语 MDP

回指关联格式(5.22b)所说的"定语(修饰语)MDP"主要是指 MDP 编码为做主语的定语或修饰语的情况。(5.22a—c)这三种(视点)回指关联方式,仅是以反身代词所指先行语的三种不同句法位置为转移的,这里暂不考虑句内与超句子/篇章之间不同层面的构式区别。

有了这些回指结构方式,就更容易具体比对汉英反身代词的回指结构式的分布,从而验证或否证初始假说。分别举例说明如下。

先看我们的语料中与这三种回指结构式相匹配的汉语反身代词用法例子。

反身代词──→主语 MDP

(5.23) a. 他深信自己与车都是铁作的。
b. 他没注意唐小姐向自己皱眉摇头。
c. 鸿渐心里想这真是从法国新回来的女人,把巴黎大菜场的"臭味交响曲"都带到中国来了。自己在巴黎从没见过她,今天偏免不了……

反身代词──→定语(修饰语)MDP

(5.24) a. 他的脸红起来,好像为的是壮壮自己的胆气,……
b. 自从一入冬,她的怀已显了形,而且爱故意的往外腆着,好显出自己的重要。

  c. 这时候，这句话在**他**的意识里如睡方醒。也许她是看陆子潇来的，顺便到**自己**这儿坐下。

反身代词──→宾语 MDP

(5.25) a. 两场病教**他**明白了**自己**并不是铁打的。

  b. 这种态度使**他**只顾**自己**的生活，把一切祸患灾难都放在脑后。

  c. 这使**他**非常的痛快，因为别的没有什么可怕的了：地名很熟习，即使有时候绕点远也没大关系，好在**自己**有的是力气。(=(5.9))

再看与这三种回指结构式相匹配的英语反身代词例子。

反身代词──→主语 MDP

(5.26) a. With astonishment did **Elizabeth** see that her new acquaintance was at least as much embarrassed as **herself**.

  b. **He** had never before supposed that, could Wickham be prevailed on to marry his daughter, it would be done with so little inconvenience to **himself** as by the present arrangement.

  c. **Elizabeth** related to Jane the next day, what had passed between Mr. Wickham and **herself**. (= (5.17))

反身代词──→定语(修饰语) MDP

(5.27) a. **His** behavior to her sister was such, during dinner time, as showed an admiration of her, which, though more guarded than formerly, persuaded Elizabeth, that if left wholly to **himself**, Jane's happiness, and his own, would be speedily secured.

  b. But Atlanta was of **her** own generation, crude with the crudities of youth and as headstrong and impetuous as **herself**.

  c. The power of displaying the grandeur of **his** patroness to **his** wondering visitors, and of letting them see her civility towards **himself** and his wife, was exactly what he had wished for;...

反身代词──→宾语 MDP

(5.28) a. It had always been evident to **her** that such an income as theirs, [...] must be very insufficient to their support; and whenever they changed their quarters, either Jane or **herself** were sure of being applied to for some little assistance towards discharging their bills.

b. and their indifference towards Jane, when not immediately before them, restored **Elizabeth** to the enjoyment of all her original dislike. His anxiety for Jane was evident, and his attentions to **herself** most pleasing,…

对比上列语言实例发现,汉英反身代词回指结构式有相同之处,亦有不同之处,说明"初始等同假说"未完全得到支持。具体而言,"反身代词—主语 MDP"原则上是汉英视点回指的共同优势关联方式,"反身代词—定语 MDP"和"反身代词—宾语 MDP"在汉英篇章均有出现,但表现形式有所差别。在汉语中,定语性 MDP 主要做主语的定语或修饰语,若是句子层的回指结构式,可视作"长距离反身化次统制"现象,当然也可能编码为其他(非主语)成分的修饰语,如例(5.24c),但几率很低。而在英语中,定语 MDP 的语法分布存在更大的不确定性:既可充当主语的定语,如例(5.27a),也作其他成分的修饰语,如例(5.27b)和例(5.27c)。汉语中宾语性 MDP 都是"致使"动词的宾语,如例(5.25a)—(5.25c)。英语中编码作宾语的 MDP 非常罕见,上引本书语料中两个例子中的先行语,分别作介词的宾语,如例(5.28a),和动词的宾语,如例(5.28b)。

5.4 修正假说与验证

鉴于上节的分析,我们提出汉英反身代词视点回指式的修正性假说(5.29)。

(5.29) a. 汉英视点回指式的相似之处为:反身代词指代主语 MDP,是汉英(叙事)篇章中最主要的回指方式。换言之,在汉英篇章中,MDP 通常编码为主语性先行成分(encoded as subject antecedent)。

b. 汉英视点回指式的主要区别是:在汉语(叙事)篇章中,反身代词主要用于指代编码为主语修饰语的 MDP 和编码为动词宾语的 MDP;而在英语(叙事)篇章中,反身代词尽管也可指代编码为定语或修饰语的 MDP 和编码为宾语的 MDP,但表现形式不同。具体说,在汉语中,定语性 MDP 主要编码为主语(含"兼语"或"例外格标记"结构中的内嵌式/逻辑主语)的定语或修饰语,宾语性 MDP 往往编码为动词的宾语;在英语中,定语 MDP 不单编码为主语的定语/修饰语,也常编码为其他成分的修饰语,而宾语性 MDP 不只编码为动词宾语,还可编码为介词宾语。

上述被修正的假说可以经过语料统计分析进一步加以验证。为此,我们利用所搜集、制作的语料(I),从句子和超句子/语篇两个层面,分别对汉英语(叙事)篇章中反身代词视点回指式的分布——(5.22)中的三种回指关联式(把典型视点回指式单列开来)并增加反身代词指代非 MDP 成分(实体)的情况进行统计分析。从统计结果看,以上提出的"修正假说"得到了支持,基本上证实了假说(5.29a)对汉英篇章中反身代词回指用法的主要相似性的预测和假说,以及(5.29b)对汉英篇章中反身代词回指用法的主要区别的预测。

对汉、英语反身代词(视点)回指结构式在(叙事)语篇中的分布的调查统计结果,分别列于表 5.1 和表 5.2。先看汉语篇章中反身代词回指式的分布情况。

表 5.1 汉语反身代词回指式分布统计

句位变项 分布范围	MDP 的句位分布			典型视点结构		先行语 为非 MDP 成分		小 计	
	主语		定语	宾语					
	N %	N %	N %	N %	N %	N %
句子层	194 26.9	10 1.4	7 0.97	151 20.9	1 0.14	363 52.2
超句/语篇层	270 37.4	20 2.8	7 0.97	60 8.3	2 0.28	359 49.7
合 计	464 64.3	30 4.2	14 1.94	211 29.2	3 0.42	722 100.0

说明:(i)句子层的回指结构式包括因果、时序、方式、比较复句和简单句中的反身代词用法;(ii)超句子/语篇层面的回指式,包括间隔着不同 S-V(主谓)结构的并列句子和超句子(cross-sentence)之间的反身代词用法;(iii)所谓典型视点回指式,是指由"言说、认知、心理(活动)、感觉"等类视点回指性动词触发的复合句和带此类动词或类此作用的短语/小句触发的超句子层面的回指结构。

从表 5.1 看到, MDP(被)编码为主语的比例最高, 占 64.3%, 加上典型或标准视点回指结构式, 其比例更是占绝对优势, 亦即"反身代词—主语 MDP"回指关联式的出现比例高达 93.5%(64.3% +29.2%)。MDP 编码为定语和宾语的回指式出现频次较少, 分别为 30 例(4.2%)和 14 例(1.94%)。先行语所指对象为非 MDP 成分(或实体)的回指式有 3 例(0.42%), 可视作反身代词的非视点性长距离回指用法。

如前所述, 相对于汉语, 英语中反身代词的使用不够普遍, 我们仅检索到 93 例用做语篇视点回指和非视点回指的英语反身代词例子①。表 5.2 是本研究获得的英语反身代词回指式的分布统计结果。

表 5.2 英语反身代词回指式分布统计

句位变项 分布范围	MDP 的句位分布			典型视点结构	先行语 为非 MDP 成分	小 计
	主语	定语	宾语			
	N %	N %	N %	N %	N %	N %
句子层	49 52.7	5 5.4		10 10.8	5 5.4	69 74.2
超句/语篇层	18 19.4	1 1.1	2 2.2		3 3.2	24 25.8
合 计	67 72.1	6 6.5	2 2.2	10 10.8	8 8.6	93 100.0

像处理汉语反身代词一样, 英语中, 被定义为句子层的长距离反身代词也包括表"因果、时序、方式、比较"等意义的复合句和简单句中局部领域之外的反身代词回指结构式, 超句(语篇)层面的反身代词回指式, 同样包括不同句子和语义相对独立的并列结构的反身代词用法。表 5.2 显示, 所检索到的 93 个实例中, 反身代词指代做主语的 MDP 的回指式的比例最高, 占 82.9%(72.1% +10.8%)。这一现象跟汉语情况很相似。反身代词指代做定语的 MDP 和指代做宾语的 MDP 的回指式, 分别为 6 例和 2 例。我们观察到, 这两种回指结构的表现形式不同于汉语: 定语性

---

① 我们在考察中发现, 英语中 80%(以上)的反身代词用做局部受约束语、副词性同位语、固定词组等。

MDP 不仅做主语的也做其他成分(如宾语)的修饰语(定语);而宾语性 MDP 一般是做介词的宾语。如表 5.2 所示,还有一点与汉语不同:英语反身代词指代非 MDP 成分(实体)的回指式有 8 例,所占比率远远超过汉语中反身代词指代非 MDP 成分(实体)的回指式的比例(8.6% > 0.42%)。这说明,英语篇章中反身代词的语法表现或功能或许受到其他因素的影响或制约。

5.5 讨论

在 5.3 节,我们按先行语的句位分布,分出了反身代词与其先行语的三种回指关联方式。为便于描述与讨论起见,这里我们换个角度,从不同侧面划分出三类篇章回指结构式。上述语料调查结果显示,根据回指语,即反身代词与其所指的 MDP 的回指方式,汉英篇章回指式可分作:(i)典型(或标准)视点回指式、(ii)一般视点回指式、(iii)非视点回指式。须重申的是,这里只考虑汉英原语文本语篇中的(视点)回指结构式,不涉及译文中的回指构造情况。分述如下。

5.5.1 典型视点回指式

"典型视点回指式"(typical logophora pattern)指的是由言说(speech)、认知(epistemic)、心理(psychological)、感觉(perceptive)等四类动词触发的视点领域里的回指结构式,可以表现在句子层面和超句子/语篇层面。句子层的视点回指结构式,常常实现为由这种"视点回指动词"引介的"主句+宾从"复句结构,反身代词在宾语从句,作先行语的 MDP 实体编码为(主句)主语,它也是后续宾语从句内容的"来源"(参看 Sells 1987)。本书语料中出现的汉语视点回指动词(包括"形谓词"在内)及其触发的典型视点回指式举例如下——上述四类视点回指动词见例(5.30a)—(5.30d);这四类视点回指动词引起的回指式例子见例(5.31a)—(5.34c)。

(5.30) 本书语料中的常用汉语视点回指触发动词
    a. 言说类动词:说,告诉,问,申明,申辩,骂,表示,宣称
    b. 认知类动词:觉得,明白,清楚,闹不清,(不)知道,深知,晓得,相信,深信,以为,认为,希望,发觉,发现,记得,认得,认识,想,(没)想到,料想,理想(=希望/想象),猜,疑心(怀疑),醒悟,承认
    c. 心理(活动)类动词:但愿,后悔,宁愿,很高兴,惊异,担心,(只)怕,生怕,(悔)恨
    d. 感觉类动词:感觉(到),看(到),看出(来),听到,听说(到)

(5.31) a. **他告诉她自己**答应苏小姐明天去望病,问她去不去。
    b. **鸿渐**忙**申辩**,**自己**一清早到现在没碰见过她。
    c. **鸿渐**刺耳地冷笑,问是否从今天起**自己**算停职了。

(5.32) a. **唐小姐**气愤地**想**,这准是表嫂来查探**自己**是否在家。
    b. **苏小姐知道**他在看**自己**,回脸对他微笑,鸿渐要抵抗这媚力的决心,像出水的鱼,头尾在地上拍动,可是挣扎不起。
    c. **鸿渐相信**苏文纨一定加油加酱,说**自己**引诱她、吻她,准备据实反驳。

(5.33) a. **鸿渐诧异**,这姓赵的怎知道**自己**,忽然想也许这人看过《沪报》那条新闻,立刻局促难受。
    b. **鸿渐**这时候只**怕**苏小姐会提起订婚结婚,跟**自己**讨论将来的计划。
    c. **她担心**交战得太猛烈,顷刻就分胜负,二人只剩一人,**自己**身边就不热闹了。

(5.34) a. **鸿渐**茅塞顿开,**听说自己**比顾尔谦高,气平了些,随口问道:……
    b. **他看出来自己**是瘦了好多,但是身量还是那么高大,筋骨还那么硬棒。
    c. **唐小姐感觉**方鸿渐说这些话,都为着引起**自己**对他的注意,心中暗笑,……

    在这种典型或标准的视点回指结构里,反身代词表现出强烈的(主句主语所指的)MDP 实体指向,即使它被深嵌于最低小句之中,仍然以做主语的 MDP(实体)作为其所指对象,比如例(5.32c):[鸿渐$_1$ 相信[苏文纨$_2$ 一定加油加酱,[φ$_2$ 说[自己$_1$ 引诱她]]]]。

    汉语篇章里,超句子/语篇层面的视点回指式的出现也很频繁(见表

5.1的统计结果)。例如:

(5.35) 她为了难。为自己的舒服快乐,非回去不可;为自己的体面,以不去为是。

(5.36) 他忽然的不那么昏昏沉沉的了,心中仿佛凉了一下。自己的身体,是的,自己的身体不行了!

(5.37) 方鸿渐叹口气,怜悯苏小姐。自己不爱她,而偏为她弄得心软,这太不公道!她太取巧了!

(5.38) 已经坐起来,又急忙的躺下去,好像老程看着他呢!心中跳了起来。不,不能当贼,不能!刚才为自己脱干净,没去作到曹先生所嘱咐的,已经对不起人;怎能再去偷他呢?不能去!穷死,不偷!

(5.39) 老头子把这点事存在心里,就更觉得凄凉难过。想想看吧,本来就没有儿子,不能火火炽炽的凑起个家庭来;姑娘再跟人一走!自己一辈子算是白费了心机!祥子的确不错,但是提到儿婿两当,还差得多呢;一个臭拉车的!自己奔波了一辈子,打过群架,跪过铁索,临完教个乡下脑袋连女儿带产业全搬了走?

这种自由间接性语段(引语)常见于带有意识流色彩的小说中,如上引例子的来源小说《骆驼祥子》和《围城》。上面所选的这5个例子中都没有出现上述"视点回指触发动词",但开头句子的作用实际上相当于句子层面出现的视点回指动词,正是这些句子触发了长距离或超长距离的回指现象。这些句子既包含(最小)语篇的指示中心,亦即反身代词所指的 MDP 成分——"她"、"他"、"方鸿渐"、"他"、"老头子";同时又包含了(大多表示结果义的)话题句兼任视点回指触发语——"为了难"、"心中仿佛凉了一下"、"叹口气,怜悯苏小姐"、"心中跳了起来"、"就更觉得凄凉难过"。值得注意的是,例(5.38)中做宾语的"他"的 MDP 地位丝毫未被动摇,说明本研究所定义的、不以表层句法为转移的 MDP 概念原则上是成立的。

本书的英语语料中出现的视点回指触发动词及其建立的典型视点回指式很少,合格的视点回指触发动词共9个,见(5.40),其中还包括可归入认知类动词的两种固定短语形式"it be adj. to sb. that"和"sb. has an idea (no idea) that",一共10个例子,都是句子层面上典型的视点回指结构式。而我们未能在英语语料中发现超句子/语篇层面的典型视点回指式。现将这些动词(也如汉语分成四类)与其触发的典型或"拟似典型"的视点回指式悉数列于例(5.40 a—d)和例(5.41)—(5.44)。

(5.40) 本书语料中的英语视点回指触发动词
  a. 言说类动词：tell
  b. 认知类动词：think, realize, suppose, remember, it is (adj.) to someone that, someone has an idea that
  c. 心理类动词：be pleased
  d. 感觉类动词：see

(5.41) **He** had **told** Gerald over and over that Emmie Slattery's baby might have been fathered by any one of a dozen men as easily as **himself** — an idea in which Gerald concurred —

(5.42) a. **She thought** that, after all, a mating between **herself** and Ashley could be no queerer than that of her father and Ellen Robillard O'Hara. (= (5.16))

  b. **He** had never before **supposed** that, could Wickham be prevailed on to marry his daughter, it would be done with so little inconvenience to **himself** as by the present arrangement. (= (5.26b))

  c. **She** had to lose them all to **realize** that **she** loved Rhett — loved him because he was strong and unscrupulous, passionate and earthy, like **herself**.

  d. **It had always been evident to her** that such an income as theirs, [...] must be very insufficient to their support; and whenever they changed their quarters, either Jane or **herself** were sure of being applied to for some little assistance towards discharging their bills. (= (5.28a))

  e. ... and **he had no idea that** the latter was failing almost as fast as **himself**;

  f. **She remembered** also, that till the Netherfield family had quitted the country, he had told his story to no one but **herself**;

(5.43) ... and **she** was undetermined whether most to **be pleased** that he explained himself at all, or offended that his letter was not rather addressed to **herself**; when her father continued,...

(5.44) a. With astonishment did **Elizabeth see** that her new acquaintance was at least as much embarrassed as **herself**. (= (5.26a))
   b. **Elizabeth saw** that he was anxious for his sister and **herself** to get acquainted, and forwarded, as much as possible, every attempt at conversation on either side.

上列例(5.41)—(5.44)中的这 10 个句子都是由视点回指动词短语建立的主从句复合结构。其中,MDP 编码为主语,反身代词出现在宾语从句;因而,这些句子应该都可视作典型视点回指式。只有例(5.42c)略显意外:严格说它不是典型的视点回指式,因为宾语从句内有一同现的 she 做小句主语。然而按 Kuno(1987,转引自 Van Valin 1990)的"间接语篇生成规则"分析,例(5.42c)亦可看作视点回指式。或在 Kuno 看来,由于英语中没有主格反身代词系统,应将这种宾语补足语小句中与主句主语同指的主格代词处理为(如某些非洲语那样的)视点回指代词(logophoric pronoun)。这也不无道理。可要是将这种补足语小句主语(如 she)统一定义为视点回指代词,会造成别的问题,即要将视点回指结构和其他结构中的代词划分为不同类型,而同时又得解释这种代词和同样与(主句)主语同指的反身代词(如该句中的 herself)的不同作用之所在。因此,鉴于例(5.42c)具备由视点性动词(realize)触发的相似结构式而又与典型视点回指式不完全一样,(如上所示)我们姑且将这个例子分析作"拟似典型"视点回指式。

还须指出的是例(5.42d)中的回指现象:做介词宾语的 her 无疑是该段的 MDP 成分或实体,这跟汉语例子(5.38)中做动词宾语的"他"的用法何其相似!再次证明 MDP 不必硬性定义为或规定编码为句子主语。

5.5.2　一般视点回指式

上述"典型视点回指式"以外的回指结构,为便于讨论,我们统一将它们归入"一般视点回指式"(general logophora pattern)。学术界有观点认为,这样的语句/语篇结构式可理解为(省却了视点回指动词短语的)隐性的(典型)视点回指式,或者宁可认为是说话者(作者)站在篇章主人公立场陈述的一般间接话语(参看 Sells 1987)。同典型视点回指式情形一样,这些结构中反身代词也都以 MDP(实体)为所指对象。MDP 不单常常编码为主语,也可编码为定语和宾语。从表5.1和表5.2看到,汉语中这种一般视点回指式分布的绝对频数压倒性地多于英语。看汉语例子:

(5.45) a. 有了**自己**的车,**他**可以不再受拴车的人们的气,也无须敷衍别人;有**自己**的力气与洋车,睁开眼就可以有饭吃。

b. 天明未久,**华大妈**已在右边的一坐新坟前面,排出四碟菜,一碗饭,哭了一场。化过纸,呆呆的坐在地上,仿佛等候什么似的,但**自己**也说不出等候什么。

c. **他**不肯要虎妞,还不是因为**自己**有买车的愿望?买上车,省下钱,然后一清二白的娶个老婆;哼,看看小马儿!**自己**有了儿子,未必不就是那样。

(5.46) a. **玛力**的脸也白了,把母亲搀到一把椅子旁边,叫她坐下;**自己**忙着捡地上的东西……

b. **亚力山大**的呼声越来越响,特噜一声,把**自己**吓醒了:"谁打呼来着?"

c. **祥子**的心里由乱而空白,连这些声音也没听见;手托住腮下,呆呆的看着地,把地看得似乎要动;想不出什么,也不愿想什么;只觉得**自己**越来越小,可又不能完全缩入地中去,……

(5.47) a. 这**使他**非常的痛快,因为别的没有什么可怕的了:地名都很熟习,即使有时候绕点远也没大关系,好在**自己**有的是力气。(= (5.9))

b. **他**不肯欺负个醉鬼,可是心中的积郁**使他**没法管束住**自己**的怒气。

c. 孙小姐的脸红忽然**使她**想起在法国时饭上冲酒的凉水;**自己**不会喝酒,只在水里冲一点点红酒,常看这红液体在白液体里泛布瑷禓,做出云雾状态,顿刻间整杯的水变成淡红色。

例(5.45a—c)是三个以主语做反身代词的先行语的例子,例(5.45a)开头部分是个未带关联词的原因小句,所以,其中"自己"可出现在先行语"他"之前,形成下指关系;例(5.45b)为超句/语篇层面的回指式,"自己"至少要越过三个小句(合一个完整句)与"华大妈"构成同指关系(不考虑零主语);例(5.45c)中两个(做主语的)"自己"都指代主语"他",前一个为句内回指,后一个为超句子回指。例(5.46a—c)是三个 MDP 被编码为主语修饰语(定语)的例子。注意例(5.46b),"自己"并不是局部约束性反身代词,因为是"亚历山大的呼声"(不是"亚历山大")吓醒了"自己","自己"可换成代词"他",故为长距离反身代词。例(5.47a—c)这三个例子中 MDP 编码为宾语,并且都是致使动词"使"的宾语。注意例(5.47b),最近的先行语为做宾语的"他",做宾语修饰语的"自己"语法上也与代词平行同构,因而为长距离反身代词。

比较下面的英语例子:

(5.48) a. **She** perfectly remembered everything that had passed in conversation between Wickham and **herself** in their first evening at Mr. Philips's. Many of his expressions were still fresh in her memory.

b. In the first place, **he** must make such an agreement for tithes as may be beneficial to **himself** and not offensive to his patron.

c. **Mrs. Hurst and her sister** scarcely opened their mouths except to complain of fatigue, and were evidently impatient to have the house to **themselves**.

(5.49) a. **His** behavior to her sister was such, during dinner time, as showed an admiration of her, which, though more guarded than formerly, persuaded Elizabeth, that if left wholly to **himself**, Jane's happiness, and his own, would be speedily secured. (= (5.27a))

b. From **herself** to Jane — from Jane to Bingley, **her** thoughts were in a line which soon brought to her recollection that Mr. Darcy's explanation there had appeared very insufficient; (= (5.19))

c. The only pain was in leaving her father, who would certainly miss her, and who, when it came to the point, so little liked her going that he told her to write to him, and almost promised to answer **her** letter.//The farewell between **herself** and Mr. Wickham was perfectly friendly; on his side even more.

(5.50) ... and their indifference towards Jane, when not immediately before them, restored **Elizabeth** to the enjoyment of all her original dislike. His anxiety for Jane was evident, and his attentions to **herself** most pleasing,... (= (5.28b))

例(5.48a)—(5.48c)是编码为主语的 MDP 做反身代词的先行语的例子。例(5.48a)—(5.48b)中 herself 和 himself 分别在 that-关系小句和 as-方式小句中;例(5.48c)中的先行语为分离(分裂)性先行语(split antecedent):Mrs. Hurst and her sister。根据 Zribi-Hertz(1989)的研究,只有当反身代词指代"意识主语"(相当于本书中的 MDP)时,才得以允准带有分裂性先行成分。换句话说,只有长距离反身代词方可接受分裂先行语(局部约束性反身代词不可接受分裂先行语)。例(5.49a)—(5.49c)为定语 MDP 做先行语的例子,其中例(5.49b)为下指结构式,例(5.49c)为超句段回指式(双斜线为分段标志),herself 的最近先行语是前段末句的"her (letter)"。如上所说,本书的英语语料中反身代词指代做宾语的 MDP 的例子非常少,只有两个例子。例(5.50)为两者之一,其中 herself 的先行语 Elizabeth 做动词 restored 的宾语;另外一个例子就是上一节的例(5.42d)。

5.5.3 非视点回指式

所谓"非视点回指"是说,篇章中反身代词的所指不是 MDP 实体,而是出现于(最小)语篇中的其他相对次要的实体或个体。这是非视点性的长距离回指(反身化)现象。下列三个例子是本书的语料(I)(共 722 个例子)中(貌似)汉语非视点回指结构式的全部。

(5.51) 她说她曾经**知道顺姑**因为看见谁的头上戴着红的剪绒花,**自己**也想一朵,弄不到,哭了,哭了小半夜,就挨了她父亲的一顿打,后来眼眶还红肿了两三天。

(5.52) 辛楣不答应,方李顾三人也参加吵嘴,**骂这汉子**蛮横,**自己**占了坐位,还把米袋妨碍人家,既然不许人家坐米袋,**自己**快把位子让出来。(=(2.22))

(5.53) 祥子活了心,还有点觉得对不起曹先生,可是**老程**说得也很近情理——侦探拿枪堵住**自己**,怎能还顾得曹家的事呢?

观察这三个例子,我们可立足于说话者语篇生成角度,初步做出如下理解。这几个例子具备典型视点领域条件,它们都含有视点回指(领域)触发语(trigger)——"知道"、"骂"、"活了心,觉得",因而之前的"她、方李顾、祥子"应是 MDP 成分。若判断正确,在这样的情况下,叙述者(作者)根据相关的语用原则本来一般应当(优先)选用代词"她"/"他"或复合反身代词"她自己"/"他自己"来指代所谓的"非 MDP"的"她"、"这汉子"及"老程",但叙述者未这样做。现在看来,在这三段话中,"自己"的使用很可能跟各自特定语境因素有关:例(5.51)中,出现于小句主语后的"因为"很可能使这一内嵌因果复句结构关系更加密切,使得指示中心发生转移,从主句主语转移到小句主语。例(5.52)中,"骂"虽属于言说类动词,但它是非典型的言说动词,其动作目标或语义指向通常为他人,而不是施动者本身,这一动词特性同样可能导致指示中心发生变化。例(5.53)的情况也很相似,转折词"可是"引起语义重心转移,并且"说"的出现,致使后半句所指中心直接跟"老程"挂钩。这样看来,我们暂且能给出的较妥当的解释是:在特定场合下,说话者或被允准临时超越有关的语用原则,以"自己"指代"非主要 MDP"实体实现指示中心的二度转移,将所指中心从(主要)主人公转移到非(主要)主人公或次主人公身上(secondary protagonist)(关于这几个例子的回指结构,我们将在 7.4 节进一步加以解读)。

再看英语语料中的情况。在总共 93 个英语例子中有 8 例为非视点回指结构式。摘录 4 例如下:

(5.54) **She** attracted him more than **he** liked — and Miss Bingley was uncivil to **her**, and more teasing than usual to **himself**.

(5.55) **His** attentions to **Miss King** were now the consequence of views solely and hatefully mercenary; and the mediocrity of **her** fortune proved no longer the moderation of his wishes, but his eagerness to grasp at anything. His behavior to **herself** could now have had no tolerable motive;

(5.56) **Elizabeth** really believed all **his** expectations of felicity to be rationally founded, because they had for basis the excellent understanding, and super-excellent disposition of Jane, and a general similarity of feeling and taste between her and **himself**.

(5.57) She owed her greatest relief to **her friend Miss Lucas**, who often joined them, and good-naturedly engaged Mr. Collins's conversation to **herself**.

不难看出,例(5.54)的 MDP 应该为 She 的所指实体或对象,而不是 he 的所指实体;例(5.55)中,MDP 应为 his 的所指实体,而不是 her 的所指对象(Miss King);例(5.56)中,MDP 应为 Elizabeth,而不是 his 的所指对象;

例(5.57)中,MDP 应为开头的主语 She 的所指实体,而不是 her friend 的所指对象(Miss Lucas)。

客观地说,英语叙事语篇中反身代词指代非 MDP 的情况较汉语更常见,而且其句法成分不很确定,一般没有高等级的主语位置的强制性要求。比如,上列例子中,做反身代词先行语的语法成分均为从属的或内嵌的:例(5.54)中,先行语做"比较状语小句"的主语;例(5.55)中,最终的名词性先行语(Miss King)做主语结构中的介词宾语;例(5.56)中,先行语为谓语结构中的修饰成分(做宾语的定语);例(5.57)中,先行语做谓语结构中的介词宾语。MDP 句位的这种不确定性,究其原因,就在于反身代词在语篇中所起的语义突显和对比功用使然。或者,正如 Baker(1995)所指出的,英语小说中存在许多不表示(所谓的)"意识主语"(SC)(= 本书中的 MDP)视点的局部无约束反身代词(locally free reflexive)(= 本书的长距离反身代词)例子,其作用不单表达强调义,还表示其所指人物角色正与其他某个角色构成鲜明的对比。比较而言,汉语"自己"最重要的功能是视点回指,在篇章中建构回指关系的规律性很强——通常总是指代 MDP 实体(只在特定语境下说话者或可用以指述语篇中的次要主人公)。

5.6 小结

在这一章,我们先介绍和讨论了对汉英篇章中反身代词视点回指式所作对比考察的研究程序和调查结果:在确定基本语料基础上提出初始假说;通过比对描述汉英(视点)回指式实例,验证或否证初始假说;再提出修正性假说,并用汉、英语语料中全部反身代词(汉语"自己"和英语"Pr-self")回指结构分布统计数据加以验证。然后,针对汉英反身代词回指结构式的特点做了分类描述和讨论。由本章的考察得知,汉英反身代词视点回指式的主要相同或相似之处在于:两者"一般视点回指式"在叙事语篇中均相对较为普遍。其(不同程度的)差异在于:(i)由视点回指动词触发的汉语反身代词("自己")的"典型视点回指式"常见于叙事语篇当中,而英语篇章中的类似结构相对很鲜见,我们在英语语料中甚至于没有发现超句子/语篇层面的视点回指实例,说明"典型视点回指式"不是英语中常见(常用)的篇章回指结构式;(ii)英语"Pr-self"的非视点回指结构要比汉语"自己"的非视点回指结构在篇章中更常见,其重要动因是,它不但负有建立篇章回指的责任,而且还兼任语义强化和构成信息对比的功能;(iii)总体而言,汉语反身代词("自己")的视点回指式和/或长距离回指式的出现频数压倒性地超过英语反身代词的视点回指式和/或长距离回指式的出现频数(722 vs. 93),表明前者是(叙事)篇章中基本的或常见的现象,而后者不是。

第六章

翻译中汉语反身代词与其英语对应用语对比

6.1 引言

  这一章将介绍和讨论针对汉译英和英译汉文本中汉语反身代词及其英语对应词语所做的对比考察,着重分析译文中简单反身代词"自己"与其在英语中的对译和对应用语情况。同时,作为比照,我们也随机考察了少量复合反身代词"Pr-自己"的汉英、英汉对译用词。所用语料为汉译英对比语料(Ⅱ)和英译汉对比语料(Ⅲ)。讨论步骤为:确定基本语料(§6.2)→提出初始假说并验证(§6.3)→提出修正假说并验证(§6.4)→进行总讨论(§6.5)(相关内容另见刘礼进 2011a)。

6.2 确定基本语料

  与第五章"汉英篇章中的视点回指式对比"相似,这里要分析的汉译英、英译汉语料中的汉语反身代词也限于真正意义上长距离回指用法的(第三人称)反身代词。反身代词的这一代词性(pronominal)长距离指代功能是建构汉英语篇连贯最重要的篇章回指手段。因而,我们不考虑(ⅰ)局部约束性、(ⅱ)(对语篇连贯作用很小的)泛指、(ⅲ)作副词性同位语/附加语以及(ⅳ)(外指/直指性)第一、二人称等用法的反身代词。

用作基本语料的相关例子可详细参看(书末)附录Ⅱ中的"(Ⅱ)汉译英对比语料举例"和"(Ⅲ)英译汉对比语料举例"。下列例子是从中摘选的几个汉译英、英译汉对比语料实例。

汉译英语料例子:

(6.1) **马老先生**在伦敦三四个月所得的经验,并不算很多:找着了三四个小中国饭铺,天天去吃顿午饭。<u>自己</u>能不用马威领着,由铺子走回家去。
Mr. Ma couldn't really be said to have seen or done a lot in the three or four months that he'd been in London. He'd found a few Chinese restaurants where he would go for his daily lunch. And **he** could find his way around without having Ma Wei; he usually walked home from the shop.

(6.2) **鸿渐**莫名其妙,正要问他缘故,只听得照相机咯嗒声,蓝眼镜放松手,原来迎面还有一个人把快镜对着<u>自己</u>。
Bewildered, **Hung-chien** was just about to ask him what for, when he heard the click of a camera, and the man in blue glasses let go of his arm. There facing Hung-chien was another man pointing a camera at **him**.

(6.3) **马先生**点头咂嘴的说,说着顺手把戒指搁在<u>自己</u>的衣兜里啦。
Mr. Ma nodded, mumbled something to himself and casually put the ring into **his** pocket.

英译汉语料例子:

(6.4) For **he** liked to think that when **he** bawled orders at the top of his voice everyone trembled and obeyed.
因为他喜欢设想,只要<u>自己</u>大喊大叫地发号施令,谁都会战战兢兢地服从呢。

(6.5) **He** knew **he** had made India love him and he knew that she still loved him and, deep in his heart, he had the feeling that **he** had not played the gentleman.
他明白是<u>自己</u>设法让英迪亚爱上了他,也知道她现在仍然爱他,所以内心深处隐隐觉得<u>自己</u>的行为不是实行一夫多妻制,但这里是讲的一妻多夫。

(6.6) With **his own** small stake, what **he** could borrow from his unenthusiastic brothers and a neat sum from mortgaging the land, Gerald bought his first field hands and ....

用自己一小笔赌本,杰拉尔德从两位不很热心的哥哥那里借到的一点钱,以及典地得到的一笔现金,买了头一批种大田的黑奴,……

6.3 初始假说和验证

上一章分析了汉英反身代词在叙事语篇中视点回指式(即反身代词与先行语的关联方式)的异同。这一章,我们的关注点将放在汉语反身代词与其英语对译用语或汉译语反身代词与英语原文对应用语的词汇变化上,即比对分析汉语反身代词及其对应的英语用词本身的语法形式和分布(不涉及其先行语的措词、语法情况)上。这两种考察互为参证,而切入点或侧重点不同。我们为本章的语料考察提出如下初始假说:

(6.7) 在篇章回指中,汉语(A)反身代词的使用(X)与英语(B)反身代词的使用(Y)相等同。

为验证上述等同假说的成立与否,我们根据对汉译英语料(Ⅱ)和英译汉语料(Ⅲ)的调查情况,设定三种主要的汉语反身代词与其英语对译和对应用语的关联方式。具体地说,我们将"初始等同假说"表述为如(6.8)中的汉英句法成分的对译或对应格式。

(6.8) 汉—英、英—汉翻译中两种语言反身代词对译或对应用语的语法格式
    a. 汉语主语"自己/Pr-自己"—英语主格(主语)"Pr ... Pr-self (Pr Pr-self)"
    b. 汉语宾语"自己/Pr-自己"—英语宾格(宾语)"Pr-self"
    c. 汉语定语(修饰语)"自己/Pr-自己(的)"—英语反身性属格(定语)"one's own"

在(6.8)中,"Pr"代表汉、英语代词(英语为宾格代词),"one's"代表英语属格代词(possessive pronoun)。考虑到近、现代英语中不存在(做主语的)主格反身代词,我们把词语对译上将代词与反身代词的连用组合式

"Pr ... Pr-self/Pr Pr-self"原则上确定为跟汉语中做主语的反身代词相对应。汉语中反身代词本身无格位形态标记,我们将它在语篇中的句法占位假定为其隐性格的外显形式。另外,如前提到,有研究(如 Baker 1995, Levinson 2000)认为,英语物主代词短语"one's own"具有反身特性,因此,我们把它当做反身性属格代词(或属格反身代词)纳入讨论。

依照以上汉英反身代词三种(语法成分)对应用语格式,先对比观察来自汉译英语料(II)的例子。

(6.9) a. 他知道**自己**又有了命。
At that he knew **he** was going to survive.

b. 他觉得他这一辈子大概就这么完了,无论**自己**怎么要强,全算白饶。
He felt done for: no matter how hard **he** tried he would never get anywhere.

c. 马威跑下来告诉伊牧师:他父亲还没歇过来,不打算出去,于是**他自己**和伊牧师走下去了。
Running back downstairs Ma Wei told the minister that his father was still not rested up and didn't want to go out. Thereupon **he** and the Reverend left together.

(6.10) a. (祥子心里不痛快。)他变着法儿不去想它,可是车是一天到晚的跟着**自己**,他老毛毛咕咕的,似乎不知哪时就要出点岔儿。
(This annoyed Xiangzi and) he tried not to think about it, but the vehicle followed **him** around all day, keeping him on edge, if expecting something to go wrong.

b. 他立起来转身,看见背后站着侍候的阿刘,对**自己**心照不宣似的贬眼。
As he stood up and turned around, he saw the waiter, Ah Liu, standing behind him and giving **him** an understanding wink.

c. 他辞了苏氏兄妹去捡点行李,走不到几步,回头看见哥哥对妹妹笑,妹妹红了脸,又像喜欢,又像生气,知道在讲**自己**,一阵不好意思。
He then left the Su brother and sister and went to have his luggage inspected. After walking a few steps he turned his head and saw Miss

Su's brother smiling at Miss Su, who blushed half in pleasure and half in anger. Thinking they must be talking about **him**, he felt a little embarrassed.

(6.11) a. 李子荣把街门轻轻的对好,也一声不出的随着马威上了楼。快走到<u>自己</u>的屋门,他站住听了听,楼下一点声儿也没有。
Li Zirong lightly closed the front door and quietly followed Ma Wei up. Just when he got to <u>his own</u> door he stopped to listen; everything was quiet downstairs.

b. 林先生坐在账台上,抖擞着精神,堆起满脸的笑容,眼睛望着那些乡下人,又带睬着<u>自己</u>铺子里的两个伙计,两个学徒,满心希望货物出去,洋钱进来。
Mr. Lin sat in the cashier's cage, marshalling all his energies, a broad smile plastered on his face. He watched the peasants, while keeping an eye on **his** two salesmen and two apprentices,…

c. 林大娘摇着头只是打呃,一手扶住了女儿的肩膀,一手揉磨<u>自己的</u>胸脯,……
Hiccupping, Mrs. Lin shook her head. With one hand she supported herself on her daughter's shoulder, with the other she kneaded **her own** chest … .

例(6.9a—c)为汉语中做主语的反身代词与其英译文的对应或对译用语情况,分别是:例(6.9a)和例(6.9b)中"自己"译成 he;例(6.9c)中"他自己"译为 he。例(6.10a—c)为汉语中做宾语的反身代词与英译文的对应用语:三个"自己"对应三个 him;不同处在于,例(6.10b)的介词宾语"(对)自己"译为动词宾语(giving) him,而例(6.10c)的动词宾语"(讲)自己"(反倒)译为英语介词宾语(about) him。例(6.11a—c)为汉语中做定语的反身代词与其英译文对应用语:例(6.11a)中"自己的"译成 his own,例(6.11b)中"自己(的)"译成 his;例(6.11c)中"自己的"译成 her own。

再观察英译汉语料(Ⅲ)中汉译语(译入语)反身代词与其英语(译出语)原文用语的对应情况。

(6.12) a. 一跑进这甬道里,<u>她</u>便觉得<u>自己</u>已经安全了,家里的人望不见了,这才放慢脚步,……
As soon as she was beneath the gnarled arms of the cedars, she knew

she was safe from observation from the house and she slowed her swift pace,…

b. 因为他喜欢设想,只要**自己**大喊大叫地发号施令,谁都会战战兢兢地服从呢。(=6.4)

For he liked to think that when **he** bawled orders at the top of his voice, everyone trembled and obeyed.

c. 当他钻进狭窄的铺位时,他但愿**自己**能在安静的长眠中被埋入坟场的地下,……

As he crept into his narrow bed, **he** wished that **he** could be lain in a calm and lasting sleep in the churchyard ground,…

(6.13) a. 他在桃树沟对北方佬发起了猛烈的攻击,命令自己的部队从战壕里冲出,向人数超过**自己**两倍(的)北军冲去。

He assaulted the Yankees fiercely at Peachtree Creek, hurling his men from their rifle pits against the blue lines where Sherman's men outnumbered **him** more than two to one.

b. 达西听出她这几句话是有意说给**他自己**听的,便连忙答道:……

… replied Darcy, **to whom** this remark was chiefly addressed,…

(6.14) a. 他们对**自己的**马吆喝了两声,然后默无言语地骑着向前跑了一阵,……

They clucked to **their** horses and rode along in silence for a while,…

b. 彬格莱先生同样有这个打算,并且一度打算就在**自己**故乡购置,……

Mr. Bingley intended it likewise, and sometimes made choice of **his** county;…

c. 她不再控制无限的忧伤,奥立弗不得不强抑住**自己**的感情,好言相劝,……

She gave way to such great grief, that Oliver, suppressing **his own** emotion, ventured to remonstrate with her;…

例(6.12a—c)为汉译文中做主语的反身代词与英语(译出语)原文用语对应情况:例(6.12a)中"自己"译自于 she;例(6.12b)和例(6.12c)里的"自己"由 he 译入。例(6.13a—b)为汉译文中做宾语的反身代词与其英语原文用语对应情况:例(6.13a)中"自己"译自于 him;例(6.13b)"他自己"

译自于"(to) whom"。例(6.14a—c)为汉译文中做定语的反身代词与其英语原文用语对应情况:例(6.14a)中"自己的"译自于 their;例(6.14b)"自己(的)"由 his 译入;例(6.14c)"自己的"译自于"his own"①。

上述汉—英、英—汉译例对比表明,汉语反身代词与其英语中的对译或对应用语大部分是不相同的,相同之处极少,从而证明"等同假说"不成立。有意义的是,来自汉译英对比语料(II)和英译汉对比语料(III)的例子具有高度相关性或一致性。概言之,汉语反身代词(以"自己"为主)与其在英语中的对译或对应用词有以下倾向性规律:(i)做主语的汉语反身代词大多译成或译自于英语主格代词;(ii)做宾语的汉语反身代词通常译成或译自于英语宾格代词;(iii)做定语的汉语反身代词一般译成或译自于英语属格代词或"属格代词(one's)+ own"组合。这些是汉语反身代词和其在英语中对应用语的主流情况,也存在其他(非主流)的情形。我们将在下面通过对比统计进一步加以分析。

6.4 修正假说和验证

由于以上初步的实例对比不完全支持"等同假说"(6.7)或(6.8),我们提出以下的"修正假说"(6.15)。

(6.15) 汉英两种语言建构篇章回指时所采用的词汇、句法手段虽有相似之处,但两者的不同是主要的,表现为:在(叙事)语篇中,汉语常用反身代词建立长距离(视点)回指;英语常用(普通)代词建立长距离回指。具体表述为:(i)做主语的汉语反身代词在英语中一般总是表达为主格代词,必要时可表达为主格代词和反身代词的联合式;(ii)作宾语

---

① 在生成语法视角下,这三个例子里"自己(的)",尤其是例(6.14a, c)中的"自己的",或被分析为局部受约束反身代词。而在本研究中我们将这种做宾语的定语"自己(的)"非正式地处理做长距离反身代词。理由是,这里的"自己的"在语法上与属格代词平行同构,无所指义互补对立关系,可以相互换用,比如将例(6.14c)说成"奥立弗不得不强抑住他的感情"完全不成问题。换句话说,(笔者觉得)这种"自己的"是语用性的,而非句法性的。

的汉语反身代词在英语中通常表达为宾格代词;(iii)作定语(修饰语)的汉语反身代词在英语中往往表达为属格代词或"属格代词 + own"组合式。

针对上述修正的假说,我们从语料(II)和语料(III)中各择取了若干翻译(对比)例子,统计汉语原文中反身代词与其英译文和汉译文中反身代词与其英语原文的对应用语情况。统计分析的结果大致验证了我们提出的"修正假说"(6.15)。关于这两种语料中汉、英语构建长距离回指所用词汇语法手段的分析统计情况,下面将分头进行介绍、讨论。

6.4.1 汉语反身代词与其英语对译用语

我们统计了汉译英对比语料(II)中的512例汉语简单反身代词及其英译文对应用语情况①。这一统计结果列于表6.1(S = 译出语,T = 译入语,后同)。

表6.1 汉语简单反身代词与其英语对译用语情况统计

S \ T	主格代词:he/she/they	主格代词+Pr-self	宾格代词:him/her/them	属格代词:his/her/their	属格代词+own	做宾语的Pr-self	其他	小计
自己_{主语}	**148**	11	5	9	5	15	38	231
自己_{宾语}	4	1	**48**	2		8	5	68
自己(的)	5		6	**120**	64	9	9	213
合计	157	12	59	131	69	32	52	512

表6.1揭示如下事实:做主语的汉语反身代词(即"自己",下同)大部分(148/231 = 64%,以下百分比依此方法计算)译成英语主格代词;极少量

---

① 本研究未统计英语长距离反身代词与其汉译文的对应用语情况,原因是,本书语料中真正的英语长距离反身代词用例太少(共93例),并且句法分布高度集中,绝大多数用做动词宾语和介词宾语(英语只有宾格反身代词系统),因而缺乏统计意义。英语反身代词的篇章功能将在第七章加以讨论。

译成英语主格代词与 Pr-self 的联合式(4.8%)或做宾语的 Pr-self(6.5%)，译成 Pr-self 的 15 例大多是"介宾"式，是由英译文句子结构的调整使然。做(动词和介词)宾语的汉语反身代词，大部分译为英语宾格代词(48/68 = 70.6%)；有 8 例译成英语的 Pr-self。做定语或修饰语的(包括极少数"连谓性")汉语"自己(的)"多数译为英语属格代词(120/213 = 56.3%)，约三分之一译为"属格代词 + own"组合式(64/213 = 30%)。汉语反身代词译为英语"其他"的情况约占总数的 10%(52/512)，其中，做主语的"自己"译为零代词(或零成分)的情况占绝对多数。

此外，"其他"中还出现某些较特殊的译法，这主要是为了避免译文歧义或追求文字表达上和文体上的归化起见而调整行文结构造成的，但这些仅是少量个案，不会影响语料考察的总结果。我们不妨将汉英翻译中这些特殊译法的主要情况列于(6.16)，为简洁起见，只列出汉语反身代词与其英语对译/对应用语并略附说明(语料调查中的主要结果将在 6.5 节分析)。

(6.16) 自己的(错觉)—I ('m wrong)；自己(做宾语)—me；自己(的车)—it；自己的—my；自己的—the (promised items)；自己(做主语)—完整名词短语(Fang)；自己(做介词宾语)—完整名词短语(Fang)；自己的(事)—that；自己的(车)—a (rickshaw)

再来看汉语复合反身代词的英译情况。作为对照或补充，并为节约时间，我们只随机抽样统计了少量的"Pr-自己"与其在英译文的对应用语情况，结果如表 6.2 所示。

表 6.2　汉语复合反身代词与其英语对译用语情况统计

S\T	主格代词: he/she/they	主格代词 + Pr-self	宾格代词: him/her/them	属格代词: his/her/their	属格代词 + own	做宾语的 Pr-self	其他	小计
Pr-自己 主语	**47**	**13**	4	1		2	1	68
Pr-自己 宾语			**3**			**4**	2	9
Pr-自己(的)				7	**8**			15
合计	47	13	7	8	8	6	3	92

表6.2中统计的92个复合反身代词例子也来自于汉译英对比语料(II),它们分散地被随意编排在简单反身代词的例子当中,并用方括号标示或隔离开来。所统计的这些例子数量虽很有限,但我们相信,即使增大语料统计量,也不会从根本上改变表6.2所反映的汉语复合反身代词与英语对译用语的特点规律。如表6.2中相对显著数据(较大数据)所示,做主语的"Pr-自己"大部分(共47例,占69.1%)翻译成英语主格代词(如"他自己—he"),小部分(13例,19.1%)译成主格代词和Pr-self的联合式,如"他自己—she herself"。作宾语的"Pr-自己"一般译成英语宾格代词(3例,33.3%),如"(朝着)他自己—(toward) him",或反身代词(4例,44%),如"(像)他自己(一样的大汉)—(a big fellow like) himself"——此时,汉语反身代词和英语代词通常作介词宾语。作定语(修饰语)的"Pr-自己(的)"主要译为英语属格代词(7例,47%),如"他自己的(军衣)—his (army uniform)",或"属格代词+own"组合式(8例,53%),如"他自己的(家)—his own (family)"。由此看到,汉语中的复合式反身代词的这些英译特点或规律很大程度上与简单反身代词的英译特点规律相同或相似。有两个方向出现波动:汉语中主语"Pr-自己"译成英语"主格代词+Pr-self"和定语"Pr-自己(的)"译成英语"属格代词+own"的比例稍高于汉语简单反身代词的这两种英译比例。这符合我们的正常期待:汉语复合反身代词所负载的(更强的)强调性语用意义,增加了它译成英语强调性指代词语的可能。总之,这两个统计结果大抵支持我们提出的"修正假说"(6.15)。

6.4.2 汉译语反身代词和英语原文对应用语

为了进一步了解汉语反身代词与其英语表达法的对应特点或规律,我们从(由汉译的反身代词"回索"英语原文中的对应词语制作而成的)英译汉对比语料即语料(III)中统计了约总量的二分之一(共计422例)汉译语中反身代词与其英语原文词语的对应情况。像汉译英对比语料(II)的统计一样,我们对英译汉对比语料(III)的统计分析也以汉语简单反身代词为主,以复合反身代词为辅(以便节省时间)。这两个统计分析的结果,分别列于表6.3和表6.4。

表6.3　汉译语简单反身代词与其英语原文对应用语统计

T＼S	主格代词：he/she/they	主格代词+Pr-self	宾格代词：him/her/them	属格代词：his/her/their	属格代词+own	做宾语的Pr-self	其他	小计
自己_{主语}	**87**	4	3	13	3	1	43	154
自己_{宾语}	.		1	1		1		3
自己（的）	6		7	**178**	**45**	1	28	265
合计	93	4	11	192	48	3	71	422

将表6.3和表6.1加以比较，我们发现两者起码在以下几方面情况明显平行。如表中相对显著性数据（大数据）所示，跟汉英翻译中的情形趋同，在英译汉语料中：(i)多数做主语的"自己"译自于（原文）英语主格代词，计87例，占56.5%(87/154)；(ii)有相当数量做主语的"自己"译自于英语"其他"成分(43例)，并与表6.1的统计结果相似，即大多译自于英语中的零代词或零成分。英语中常见的零成分其实主要是代词省略造成的，如若将零代词也归入代词之中，无疑可使汉语主语反身代词与英语主格代词相对应（对译）的比例大为提升；(iii)做定语（修饰语）的"自己（的）"大多数译自于英语属格代词，共178例，占67.2%(178/265)。此外，还有相当数量的"自己（的）"译自于英语"属格代词+own"组合式（共45例）。需要指出，如表6.3所示，英译汉文本中反身代词做宾语的现象非常之少，这很可能与英语原（叙事）语篇中极少出现反身代词作宾语的客观情况（做论元宾语的局部约束性反身代词除外）直接相关。

还需要说明的是，以上所谓的对于汉译英对比语料（即语料Ⅱ）和英译汉对比语料（即语料Ⅲ）的统计调查结果两相（相当）平行或吻合，是以汉语反身代词的译出和译入情况而论的，即是说，汉语中长距离反身代词译成英语的情况和由英语（指代）词语译为汉语长距离反身代词的情况相吻合。举例而言，下面例(6.17a)汉语"自己"译为英语主格代词he，而例(6.17b)的"自己"译自于英语主格代词he；同理，例(6.18a)汉语"自己"译

成英语零代词 φ，而例(6.18b)中"自己"译自于英语零代词 φ①。

(6.17) a. 方老先生大不谓然，可是儿子大了，不敢再把父亲的尊严去威胁他；便信上说，<u>自己</u>深知道头衔无用，……
→ His father did not see it that way at all, but now that his son had grown up, he hesitated to threaten him again with paternal authority, and merely said that **he** knew perfectly well titles were useless and ...

b. 他明白是<u>自己</u>设法让英迪亚爱上了他，……(=6.5)
← He knew **he** had made India love him ...

(6.18) a. 他身上一哆嗦！忽然一阵明白，把椅子让给温都太太坐，<u>自己</u>搬过一只小凳儿来。
→ His whole body shivered. Then it came to him like a bolt of lightning he jumped up to let her sit in his seat, and <u>φ</u> pulled over a small stool for himself. ②

b. 他们为自己主人的好名声感到骄傲，并且大多以<u>自己</u>归上等人所有而觉得光荣，而他，却是人人都瞧不起的。
← They were proud of the good names of their owners and, for the most part, φ proud to belong to people who were quality, while he was despised by all.

再看汉译语中复合反身代词与其英语原文所用词语的对应情况统计结果。

表6.4 汉译语复合反身代词与其英语原文对应用语统计

S\T	主格代词: he/she/they	主格代词+Pr-self	宾格代词: him/her/them	属格代词: his/her/their	属格代词+own	做宾语的Pr-self	其他	小计
Pr-自己_{主语}	27	14	1	3	4		2	51
Pr-自己_{宾语}			1				1	2

---

① 前面已注明，本研究原则上不对零代词的用法重点加以讨论，此处例(6.18)和后面例(6.21)中的零代词例子，只是随文酌情提供的、很有限的几个附带性或辅助性例子。
② 此处译文有改动。

（续表）

S\T	主格代词: he/she/they	主格代词+Pr-self	宾格代词: him/her/them	属格代词: his/her/their	属格代词+own	做宾语的Pr-self	其他	小计
Pr-自己(的)			2	8	17		1	28
合计	27	14	4	11	21		4	81

表6.4中(相对的)显著数据表明,前述表6.2所示对汉语复合反身代词的英译情况调查结果进一步(从汉译语料中)得到了证实。做主语的"Pr-自己"过半数(共27例)译自于英语主格代词,少数(14例)译自于英语主格代词和Pr-self的连用组合。做定语(修饰语)的"Pr-自己(的)"一般译自英语属格代词或"属格代词+own"组合,并有以后者居多的倾向。与上面相同的一个现象也存在于对汉译文中复合反身代词的调查中——做宾语的复合反身代词十分罕见;其原因也是共同的——英语原文中反身代词通常不用以编码宾语这一特点制约了汉译文中反身代词的使用。

从表6.3和表6.4的统计结果以及表6.1和表6.2的统计结果大体相一致的事实可以发现,我们提出的修正假说(6.15)基本上得以证实,至少其中的假说(6.15-i)和句(6.15-iii)进一步获得了较有力的证实,即做主语的汉语反身代词主要编码为英语主格代词;做定语(修饰语)的汉语反身代词主要编码为属格代词或者"属格代词+own"组合式,也就是属格代词(物主代词)的强化式。

6.5 讨论

以上介绍、分析了有关汉语反身代词与其相对应的英语译文或原文用语及语法成分的语料统计调查。统计结果显示出如下汉英指代词语之间的对应(对译)倾向性:做主语的汉语反身代词通常对应于(译成/译自于)英语主格代词抑或主格代词与 Pr-self 的连用式;做宾语的汉语反身代词对应于(译成/译自于)英语宾格代词;做定语(修饰语)的汉语反身代词对应于(译成/译自于)英语属格代词抑或"属格代词 + own"组合式。下面讨论汉语反身代词及其英语对应(对译)词语的篇章功能和语用动因。

6.5.1 汉语"自己"与英语回指词语

将表 6.1 和表 6.3 的结果予以叠合,则不难看出,汉语篇章中的"自己"(绝)大多译成和译自于英语代词或代词的强化/强调式。在所统计考察的 934 条例子中,汉语各句位上的"自己"跟英语各格位代词对应(对译)的关联式例子有 706 例,占 75.6%(706/934)。具体来说,做主语的"自己"大多译成和译自于英语主格代词或其与 Pr-self 连用的强化结构(未考虑零代词与 Pr-self 的连用情况),共 250 例(159 +91),由表 6.1 和表 6.3,下同),占 65%(250/385);做宾语的"自己"译成和译自英语宾格代词的例子 49 个(48 +1),占 69%(49/71);做定语的"自己"译成和译自英语属格代词或其强调式"属格代词 + own"的例子 407 个(184 + 223),占 85%(407/478)。汉语各句位的反身代词与英语各格位的指代词语的对应(对译)关联式举例如下("<—>"表示"译成/译自于";"→"表示"译成";"←"表示"译自于")。

汉语中做主语的"自己"<—> 英语主格代词或英语主格代词与 Pr-self 的连用式例子:

(6.19) a. 第二天早上,她起得很迟,于福虽比她着急,可是**自己**既没有主意,又不敢叫醒她,只好**自己**先去做饭。

→ The next morning she continued lolling comfortably in bed. Though **her husband** was very anxious over the arrest of their daughter, **he** had no idea what to do about it. Not daring to call Third Fairy, **he** cooked breakfast **himself**.

b. 林先生苦着脸,踱回到账台里,浑身不得劲儿。他知道不是**自己**不会做生意,……

→ Bitterly, **Mr. Lin** returned to the cashier's cage, feeling weak all

129

over. He knew it wasn't that **he** was an inept businessman. ...

c. 他要是知道<u>自己</u>是个孤儿,命运全视教会执事和济贫专员是否能发慈悲而定,恐怕还会哭得更响哩。

← If **he** could have known that **he** was an orphan, left to the tender mercies of church-wardens and overseers, perhaps he would have cried the louder.

d. 一跑进这甬道里,她便觉得<u>自己</u>已经安全了,家里的人望不见了,这才放慢脚步,……

← As soon as she was beneath the gnarled arms of the cedars, **she** knew **she** was safe from observation from the house and she slowed her swift pace. ...

(6.20) a. 最后,他必须规规矩矩,才能对得起将来的老婆,因为一旦要娶,就必娶个一清二白的姑娘,所以<u>自己</u>也得像那么回事儿。

→ Lastly, **he** must behave decently to be able to face his future wife. Because, if **he** did get married, the girl must be clean and spotless, and that meant **he** should be the same **himself**.

b. 潘先生心里也着实有点烦乱,局长的意思照常开学,<u>自己</u>万无主张暂缓开学之理……

→ **Mr. Pan** was feeling very vexed himself. Since the director of education wanted the schools to star as usual, **he himself** had no reason whatever to insist that they should remain closed ...

c. 奥立弗在这段时间内急得像热锅上的蚂蚁,恨不得<u>自己</u>纵身跳上马背,直奔下一个驿站。

← Meanwhile **Oliver** was in such a desperate state of impatience and anxiety, that he felt as if **he** could have jumped upon the horse **himself**, and galloped away, full tear, to the next stage.

d. 吉英的病还不见好转,伊丽莎白寸步不离地守着她,一直到黄昏,看见她睡着了,才放下了心,觉得<u>自己</u>应该到楼下去一趟。

← She was still very poorly, and **Elizabeth** would not quit her at all till late in the evening, when **she** had the comfort of seeing her asleep, and felt that **she** should go down stairs **herself**.

除此以外,汉语中做主语的"自己"还可能译成和译自于英语中做主语(或逻辑主语)的零代词,随文略举例如下。

(6.21) a. 刘四爷各处巡视了一番,处处花红柳绿,**自己**点了点头。
→ **Fourth Master Liu** made a tour of inspection and ɸ nodded with satisfaction at the bright reds and vivid greens everywhere.

b. 她说,承鸿渐和辛楣送桂林带回的东西,早想过来谢,可是**自己**发了两次烧,今天是陪范小姐送书来的。
→ **She** said she had been meaning to come thank them for the things he and Hsin-mei had brought her from Kweilin but ɸ had had two bouts of fever and chills. Today she had come over with Miss Fan to deliver some books.

c. 女总管终于把她们关在门外,**自己**回到床边。
← **The superior** pushed them from the room, closed the door, and ɸ returned to the bedside.

d. 要是巴特勒爱上了她,并且**自己**承认了,求她接一个吻或笑一笑,那才带劲呢。
← It would be exciting to have **Butler** in love with her and ɸ admitting it and begging for a kiss or a smile.

汉语中做宾语的"自己"<—>英语宾格代词的例子(只检索到1个由英语宾格代词译成汉语"自己"做宾语的例子,即例(6.22c)):

(6.22) a. 他变着法儿不去想它,可是车是一天到晚的跟着**自己**,他老毛毛咕咕的,似乎不知哪时就要出点岔儿。(=6.10a)
→ He tried not to think about it, but the vehicle followed **him** around all day, keeping him on edge, as if expecting something to go wrong.

b. 汪处厚明知太太并非说**自己**,可是通身发热。
→ Although Wang Chu-hou knew his wife wasn't referring to **him**, he was burning all over.

c. 他在桃树沟对北方佬发起了猛烈的攻击,命令自己的部队从战壕里冲出,向人数超过**自己**两倍北军冲去。(=6.13a)
← **He** assaulted the Yankees fiercely at Peachtree Creek, hurling his men from their rifle pits against the blue lines where Sherman's men outnumbered **him** more than two to one.

汉语中做定语的"自己(的)"<—>英语中的属格代词或"属格代词+own"的例子:

131

(6.23) a. 马先生点头咂嘴的说,说着顺手把戒指摺在自己衣兜里啦。(=6.3)
→ **Mr. Ma** nodded, mumbled something to himself and casually put the ring into **his** pocket.

b. 他笑了,近于提到自己儿子模样,很高兴说这个话。
→ **He** laughed, almost as if he were speaking of **his** children.

c. 这一层考虑迫使他把步子稍微放慢了些,开始盘算自己哪些手段可以到那里去。
← As this consideration forced itself upon him, **he** slackened his pace a little, and meditated upon **his** means of getting there.

d. 老犹太不再听他说下去,只是大吼一声,两只手揪住自己的头发,冲出房间。
← **The Jew** stopped to hear no more; but uttering a loud yell, and twining his hands in **his** hair, rushed from the room, and from the house.

(6.24) a. 可是老通宝死也想不明白为什么"陈老爷家"的"败"会牵动到他家。他确实知道自己家并没得过长毛的横财。
→ What **Old Tong Bao** could never understand was why the fall of the House of Chen should affect **his own** family. They certainly hadn't kept any of the "Long Hairs'" gold.

b. 有了自己的车,他可以不再受拴车的人们的气,也无须敷衍别人。
→ With **his own** rickshaw **he** would no longer be bullied by the rickshaw owners, would no longer have to humor anyone else.

c. 他从书摊上拿起一本书,站在那边仔仔细细地看,就像坐在自己书斋里的圈椅上一般。
← **He** had taken up a book from the stall, and there he stood, reading away, as hard as if he were in his elbow-chair, in **his own** study.

d. 暮色苍茫中,布朗劳先生乘坐出租马车到自己家门口下车,轻轻叩门。
← The twilight was beginning to close in, when **Mr. Brownlow** alighted from a hackney-coach at **his own** door, and knocked softly.

上述汉、英语实例比较,初步说明两种语言不同的所指表达手段是由不同的语用动因促成的,操汉语的人易受语篇内主人公(主观)叙述视点驱动,偏重使用"自己"建构语篇连贯;操英语的人爱从观察者(客观)叙述视角出发,使用代词构建语篇连贯。深一层的原因可能在于,英语代词系统中没有像汉语"自己"一样的简单反身代词,盖因作为综合语(屈折语)的英语不必发展出(较普通代词更不经济的)词汇化的简单反身代词(如 self);而作为典型分析语的汉语(学术界倾向于视之为"语用语言"),其语项之间的语法关系没有形态变化标识,需要靠词序或词汇化手段表示,"自己"的(被)词汇化或许正是因应了这一需求,它的出现或存在有利于话语/语篇理解。

6.5.2 汉语"Pr-自己"与英语回指词语

如上所说,复合式反身代词"Pr-自己"不是本书研究的重要对象。因此,为使分析简易些,我们有意控制其语料统计量。从有限的汉语"Pr-自己"实例数据的统计分析来看,它与英语指代词语之间对应(对译)的一般规律基本符合上述假说的预测。将表 6.2/表 6.4 跟表 6.1/表 6.3 两相加以比较,则可看到,"Pr-自己"与其英语中用词的对应(对译)情形同"自己"与其英语用词的对应(对译)情况具有相当的一致性。在 173 个例子中,汉语各句位的"Pr-自己"与英语各格位代词相对应(对译)的关联式例子有 145 个(78 + 67),占 83.8% (145/173)。其中,做主语的"Pr-自己"大多数译成和译自于英语主格代词或其强化表达式(主格代词 + Pr-self),共 101 例(84.9%)。语料统计内做宾语的"Pr-自己"的实例很少,仅 11 例,有 4 个例子的主语"Pr-自己"译成和译自英语宾格代词。做定语的"Pr-自己"绝大部分译成和译自于英语属格代词或其强化格式(属格代词 + own),共 40 例(93%)。

具体而言,做主语的"Pr-自己"译成和译自于英语主格代词的共 74 例,(相对)比例为 62.2%,译成和译自于英语主格代词与 Pr-self 连用的强化式的共 27 例,(相对)比例为 22.7%。这表明,做主语的"Pr-自己"或更多地移译成英语主格代词,而不是其与 Pr-self 连用的强化构式。两种情况下,汉语"Pr-自己"与英语指代词语相移译的例子如(6.25a-d)和(6.26a—

d) 所示 ①。

(6.25) a. 他不明白,<u>他自己</u>反正不容易与它们发生关系,那么也就不便操心去想了。

→ **He** did not understand why people kept going there; however, <u>he</u> didn't bother his head about it.

b. 在他的心里,凡是坐火车去的地方必是很远,无论怎样她也追不了去。想得很好,可是<u>他自己</u>良心上知道这只是万不得已的办法,再分能在北平,还是在北平!

→ For **him**, any place you needed to take a train to was necessarily very far away; so she certainly wouldn't be able to follow him there! This seemed a good idea, but deep down <u>he</u> knew it was a last resort, because if he could stay in Beiping he would.

c. 在别的时候,老头儿给他们讲<u>他自己</u>年轻时做盗贼的故事……

← At other times **the old man** would tell them stories of robberies <u>he</u> had committed in his younger days,…

d. 其实她是心事太重,因此有时候沉默起来,连<u>她自己</u>也没有觉察到。

← But **her** mind was so busily engaged, that <u>she</u> did not always know when she was silent.

(6.26) a. 新旧的器物合在一处,使他想起过去,又担心将来。一切任人摆布,<u>他自己</u>既像个旧的,又像是个新的,一个什么摆设,什么奇怪的东西。

→ He only recognized the old furniture, and this combination of new and old reminded **him** of the past and filled him with apprehension for the future. Manipulated in everything, **he** <u>himself</u> resembled an old yet new ornament, a strange, unrecognizable object.

b. 他(褚慎明)最恨女人,眼睛近视得利害而从来不肯配眼镜,因为怕

---

① 极少数做主语的"Pr-自己"为免产生歧义译成了英语完整名词与 Pr-self 的连用格式,如:"**拿破仑**(狗名)伸着舌头叫她给梳毛儿,抬起右腿弹弹脖子底下,好像那里有个虱子,其实有虱子没有,<u>它自己</u>也说不清。→ Napoleon stuck out his tongue to let her comb his hair; he scratched under his neck where there seemed to be fleas; yet whether or not he really had really had fleas, **Napoleon** couldn't be sure<u>himself</u>.",此类例子我们未做单独处理。

看清楚了女人的脸,又常说人性里有天性跟兽性两部分,**他自己**全是天性。

→ **He** harbored a special hatred for women, and though extremely nearsighted, he had refused to be fitted for glasses for fear of getting a good look at women's faces. He always said that man's nature was composed of a natural humaneness and an animal disposition, and that **he himself** was all natural disposition.

c. 思嘉知道,如果是**她自己**经受了这样一番折磨,那一定死了。

← **Scarlett** knew that **she herself** would have died under such handling.

d. 但**老绅士**带着不以为然的表情看了他一眼,焦急地四顾张望,仿佛**他自己**打算逃跑。

← But, **the old gentleman**, eyeing him with an expression of dislike, look anxiously round, as if **he** contemplated running away **himself**.

语篇中做宾语的"Pr-自己"的例子较罕见,只检索到 11 例,而且有些是作介词宾语(如"朝着他自己"、"(说)给他自己"、"像他自己")。这些做宾语的"Pr-自己"有的译成和译自于英语宾格代词,如以下例(6.27a-d)。其中,例(6.27a)和例(6.27b)中确切地说是做"兼宾语"的汉语"她自己"和"他自己"被译成了英语的 ECM(例外格标记)结构成分 her 和 him,而且例(6.27b)英译文中还连用了表强调义的短语"by himself";而例(6.27d)中的"他自己"是由英语宾格关系代词"(to) whom"翻译过来的。还有的汉语复合反身代词译成了英语反身代词 Pr-self,如例(6.28a)—(6.28b)。另有极少数做宾语的"Pr 自己"因为译文调整所需,而被译成或译自于英语中的其他成分(包括零成分)。如此看来,汉语中做宾语的"Pr-自己"与英语宾格代词相移译的情形,跟上述"修正假说"(6.15)所假定的"做宾语的汉语反身代词<—>英语宾格代词"这一汉英回指语对译关联式不完全相同。但不管怎样,两种语料中检索到的这 11 个"Pr-自己"例子中仍有 4 例,即(6.27a)—(6.27d)支持了"汉语宾语反身代词<—>英语宾格代词"这一假设。

(6.27) a. 三奶奶瞧公婆要**她自己**领这孩子,一口闷气胀得肚子都渐渐大了……

→ Seeing that her parent-in-law expected **her** to take care of the baby herself, **Third Daughter-in-law**'s pent-up resentment swelled ...

b. 辛楣和鸿渐一夜在火车里没睡好,回房躺着休息,**李梅亭**打门进来了,问有什么好东西给他看。两人懒起床,叫<u>他自己</u>看墙壁上的文献。

→ Hsin-mei and Hung-chien hadn't slept well the whole night on the train, so they returned to their rooms to rest. **Li** knocked on the door and entered, asking them what wonderful things they had to show him. Neither of them felt like getting up, so they let **him** look at the wall graffiti **by himself**.

c. 他很高兴,这是向来没有经验过的事,大家的笑脸全朝着<u>他自己</u>,仿佛他是个很重要的人似的。

→ **He** left the room feeling jubilant, for it was the first time that everyone's laughing face had been turned towards **him**, as if he were a very important person.

d. 达西听出她这几句话是有意说给<u>他自己</u>听的,便连忙答道:……

← ... replied Darcy, to **whom** this remark was chiefly addressed, ...

(6.28) a. 他想,像<u>他自己</u>一样的大汉,再多有个虎妞,他也不怕;……

→ Had **he** made friends with a few before, a big fellow like **himself** need not fear any number of Tigresses, ...

b. 把钱放在炕砖上,他瞪着它们,不知是哭好,还是笑好。屋里没有人,没有东西,只剩下<u>他自己</u>与这一堆破旧霉污的钱。

→ **He** stared at the money on the brick-bed, not knowing whether to laugh or cry. There was nothing else in the room apart from **himself** and this pile of tattered dirty money.

在所调查的语料范围内,汉语中做定语的"Pr-自己(的)"译成和译自于英语"属格代词+own"的有25例,译成和译自于英语属格代词的有15例。这说明,"Pr-自己(的)"不仅常常表达为英语中由"属格代词+own"构成的强调式/强化式,而且也常可表达为普通的英语属格代词。做定语的"Pr-自己(的)"译成了和译自于英语的这两种结构的例子分别如例(6.29a)—(6.29d)和例(6.30a)—(6.30d)所示。

(6.29) a. 他诧异地看了看,过了一会,眼光便移到**他自己的**膝髁上去了,……

→ **He** looked at it in surprise, then dropped his gaze to **his** knees, and (started smoking).

b. 她全不理会那些事,只是直着眼睛,和大家讲**她自己**(的)日夜不忘的故事:……

→ Quite impervious to this, staring straight in front of her, **she** would tell everybody the story which night or day was never out of **her** mind. ...

c. 不过第二天早上他又变更了主张,因为他和班纳特夫人亲亲密密地谈了一刻钟的话,开头谈谈**他自己**那幢牧师住宅,后来……

← The next morning, however, made an alteration; for in a quarter of an hour's conversation with Mrs. Bennet before breakfast, a conversation beginning with **his** parsonage-house, and ...

d. 她还常常听到达西爱抚备至地说起**他自己的**妹妹,这说明他还是具有亲切的情感。

← She had often heard him speak so affectionately of **his** sister as to prove him capable of *some* amiable feeling.

(6.30) a. 他吃惊的回过头去看,靠左肩,便立着**他自己**家里的主妇,两只阴凄凄的眼睛恰恰盯住他的脸。

→ He turned his head with a start, to see standing on his left the mistress of **his own** family, her two gloomy eyes fastened on **his** face.

b. 祥子还在那文化之城,可是变成了走兽。一点也不是**他自己的**过错。

› **Xiangzi** lived in this city of culture, but through no fault of **his own**, was now no better than an animal.

c. 她的心被**她自己的**病折磨得太惨了。

← Her mind was too torn with **her own** anguish.

d. 户外的情况便是如此,而贫民习艺所的女总管考尔尼太太这时坐在**她自己的**小房间里。

← Such was the aspect of out-of-doors affairs, when Mrs. Corney, the matron of the workhouse, sat herself down before a cheerful fire in **her own** little room,

由上而知,相较于"自己",汉语中各句位的"Pr-自己"主要功用在于强调或凸显语篇实体;英语中的强化表达式主要由主格代词与 Pr-self 的连用以及"属格代词+own"来构成,英语的这两种联合(连用)结构常用来分别对应翻译汉语中做主语的"Pr-自己"和做定语的"Pr-自己(的)"[①]。在另一方面,我们又看到,汉语中做主语的"Pr-自己"和做定语的"Pr-自己(的)"也经常分别翻译成英语中非强式的(普通)主格代词和属格代词,显见,汉语篇章中实体受到强调和凸显的程度要高于英语篇章中的实体。换言之,对于叙事语篇的构建,操汉语者很可能要比操英语者更喜欢使用较复杂的强式(强势)回指词语来凸显其意图所指对象。

6.6 小结

上面首先用三节(§6.2—§6.4)讨论了我们对翻译文中汉语反身代词与其英语对应/对等(对译)用语所做的语料调查的情况。语料对比统计结果原则上证实了我们提出的修正假说:叙事语篇中,汉、英语使用的回指表达手段虽有所相似,但两者之间存在的不同是更主要的,汉语常用反身代词建立长距离回指/视点回指,英语多用普通代词建立长距离回指。之后,我们通过实例对比描述(见§6.5)进一步论述了汉语反身代词与其英语对应(对译)用语的功能和语用动因。对比讨论发现,汉语简单反身代词"自己"通常与英语(普通)代词相对译/对应,这证明操汉语者易受主人公(主观)叙述视点驱动,常用"自己"建立篇章连贯;操英语者往往是立足于观察者(客观)叙述视角,使用代词构建篇章连贯。从而显示,英语反身代词相对来说不是篇章回指的主要成分,代词化或更适合于英语篇章回指的构建。就汉语"Pr-自己"的英译文用语和其英语原文用语来说,汉语各句位的"Pr-自己"更多是相应地译成和译自英语各格位的代词,原因或在于说汉语

[①] 英语中宾格代词也可能与 Pr-self 或 "by Pr-self"连用构成强调格式,如例(6.27b)的英译所示,但很罕见。

者要比说英语者更喜欢使用强势或强调性指代词语来凸显语篇所指对象。

在下一章,我们将运用第四章提出的分析框架——语用原则(4.8)对叙事语篇中汉英反身代词的视点回指和/或长距离回指的功能特点做出解释。

第七章

汉英反身代词篇章功能的语用阐释

7.1 引言

在前几章,我们首先回顾形式主义学派对长距离反身化的研究,指出并证明了在 Chomsky"管约理论"(GB theory)体系下的各种句法方案难于充分解释(语句中的)长距离反身化现象。然后,在借鉴并吸取语篇分析和语用学研究中相关的理论观点或学术思想的基础上,制定了一个非严格意义上的、可姑且视为"类格莱斯会话含意"(quasi-Gricean conversational implicature)的语用原则或语用机制。根据这一理论机制,语篇中回指关系的建构主要受到(说话者/听话者)语用原则的支配,并且受篇章领域环境条件和语篇所指实体特征等因素的制约。接下来,报告、讨论了本项研究中我们所做的语料实证考察情况。结果显示,汉英反身代词的语篇功能虽有共性,但两者的差异是主要的。

这一章,我们将在第四章建立的语用机制下对汉英反身代词的篇章功用进行统一的归纳分析。具体安排为:7.2 节,根据语用原则(4.8)来阐释汉英反身代词的语篇功能;7.3 节,从篇章回指生成角度分析汉英反身代词的使用;7.4 节,重温文献中和本书前面讨论过的相关问题;7.5 节,归纳本章要点。

7.2 汉英反身代词的篇章功能解读

语料考察表明,汉英叙事语篇中(第三人称)反身代词的功用不完全相同,而是各有其侧重性。具体表现出视点回指和/或长距离回指、强调或凸显等篇章功能上的偏重和差异。

7.2.1 作为视点回指语的"自己"

由于汉语不像某些非洲语言(如埃维语 Ewe,见 Clements 1975)或其他东亚语言有专门的形态标记的视点回指代词(logophoric pronoun),语言学界未将它划归于标准视点回指语言(Culy 1994a,转引自 Huang 2000a:176)。但是,依凭视点回指的基本定义(要言之,视点回指即指"以某种词汇和/或语法手段报告一个语句/语篇内部主人公观点而不是当前外部说话者观点"的现象——详见§1.2),至少汉语(第三人称)简单反身代词"自己"足可以看作篇章中的"视点回指语"(logophor)。Huang(1994:188—198)曾对"自己"在典型视点回指领域(由"言说、认知、心理、感觉"动词建立的语域)中的功能特点有过详细分析,而未论及它在其他场合下的用法,或者依他看,其余情况下它的用法不是视点回指。然据我们的考察,"自己"在一般间接篇章环境下与在典型视点回指领域里的作用特点没有多大区别,其基本作用都是指代 MDP(最小语篇主人公)实体,因而,我们足以把它分析为"视点回指语"。它负载的语义信息特征,一如(4.4a)所示,其视点回指是强制性的,而强调功能是非强制性的。试看例子:

(7.1) a. <u>三仙姑</u>见二诸葛老婆已经不顾了命,<u>自己</u>先胆怯了几分,不敢恋战,少闹了一会挣脱出来就走了。

b. <u>她</u>本想早给小芹找个婆家推出门去,可是因为<u>自己</u>名声不正,差不多都不愿意跟她结亲。

(7.2) a. <u>亚力山大</u>的呼声越来越响,特噜一声,把<u>自己</u>吓醒了:"谁打呼来着?"(= (5.46b))

b. 这真让<u>祥子</u>的心跳得快了些!真要凑上三四十块,再加上刘四爷手里那三十多,和**自己**现在有的那几块,岂不就是八十来的?

(7.3) a. 这种态度使**他**只顾**自己**的生活,把一切祸患灾难都放在脑后。(=(5.25b))

b. 孙小姐的脸红忽然使**他**想起在法国时饭上冲酒的凉水;**自己**不会喝酒,只在水里冲一点点红酒,常看这红液体在白液体里泛布氤氲,做出云雾状态……(=(5.47c))

上列语段都是未带视点回指触发动词的一般性叙事语篇,当中"自己"按语用准则(4.8a)均理解为回指各段的 MDP(实体)。例(7.1a)—(7.1b)中的 MDP 编码作开头句子的主语,自不待言,它是语篇中最显著的名词短语,因而,两个"自己"按(4.8a)分别解读为与主语"三仙姑"和"她"同指。注意例(7.1b):离"自己"更近的"小芹",并没有,也不能阻断其长距离回指的建立,这充分说明"自己"的视点回指功能之所在。

例(7.2a)中的 MDP 编码为主语的定语,而例(7.2b)的 MDP 更是编码作 ECM(例外格标记)结构或曰"兼语"结构中内嵌主语(亦称兼宾语)的定语,毋庸置疑,两者都是各自语段中"自己"最近的、可通达的所指成分。兴许有人会说,例(7.2b)中这种例子的"自己"之前可理解或假定为存在零代词(如理解成该句句首省略了"他"),这样,最近的先行成分就不是作定语的"祥子"了。然而,须知我们的语用准则(4.8a)里所谓的表达 MDP 的名词短语(亦即视点中心名词语)是指在表层上为外显的、有语音形式的名词短语,而不包括在语音或形态上无显著性可言的零代词(这也是我们不考虑零代词的原因之一)。再说,对于例(7.2b),即使假定其中的"自己"受当前句句首的零代词的制约,但最终它还得解读为与做定语的 MDP"祥子"同指。

最后,例(7.3a)—(7.3b)中的 MDP 是做宾语的"他"(的所指实体):例(7.3a)中,"他"是唯一为"自己"所指代的合格先行成分。注意,该句中处于修饰语位置上的"自己"不是局部受约束语,可换用"他";但从编码者(说话人)生成角度来看,"自己"的使用符合(4.8b)中的语用准则,即在"自己"和"他"都可用以建立篇章回指时,说话人应优先选择"自己",表达视点回指关系,以节约受话人的语篇解读时间。例(7.3b)为长句或超句子的回指结构式,做第二小句主语的"自己"解读为跟前一小句中编码为宾语的 MDP 的"他"同指。

7.2.2 汉语"Pr-自己"

如前面的分析所示,作为汉语长距离反身代词,"Pr-自己"显示出与"自己"不一样的用法特点。由于"Pr-自己"不像"自己"那样强烈地受制于所指实体的"意识性"条件(4.18),所以篇章(主人公)视点回指不是它必须的、强制性的用法。根据 Pan(1995,1998)的分析,汉语复合(复杂)反身代词应该受"邻近性"(closeness)和"显著性"(prominence)条件支配。所谓邻近性,是个相对的局部性(locality)条件,而不是 Chomsky 的"管辖范围"(governing category)这样刚性的局部性条件(见 Pan 1998:772)。Pan 的意思大概是说,复合(复杂)反身代词与先行语之间的距离相对更近。

客观而言,Pan 的判断总体上看有一定道理。按照我们对语料的观察,作为长距离反身代词的"Pr-自己"可分析为(普通)代词的一种强势形式,它最重要的作用是在建立篇章连贯过程中强调或凸显所指实体,并且传递对比信息,尽管也会表现出邻近性特点。其语义信息特征如(4.4b)所示:不同于视点回指语"自己","Pr-自己"的强调/凸显功用为强制性的,视点回指为非强制性的或可选的。比如,下面例(7.4)中出现两次的"他们自己"可以理解作(替代)"他们"的强势语,所指的不是"受过害的人",而是更接近的"他两人",而"民兵、民夫"分别介于两者之间。例(7.5)的情况大致相若:"她自己"指代主语"三奶奶",其间隔着"公婆";叙述者使用"她自己",意在强调所指实体,若要降低强化或凸显程度、明示视点指向,可换用"自己"。

(7.4) 他一说开了头,许多<u>受过害的人</u>也都抢着说起来:有给他们花过钱的,有被他们逼着上过吊的,……<u>他两人</u>还派上民兵给<u>他们自己</u>割柴,拨上民夫给<u>他们自己</u>锄地;浮收粮,私派款,强迫民兵捆人。

(7.5) <u>三奶奶</u>瞧公婆要<u>她自己</u>领这孩子,一口闷气胀得肚子都渐渐大了,吃东西没胃口,四肢乏力,请医服药,同时阿凶只能由婆婆帮着带领。(= 6.27a)

相对于例(7.4)或例(7.5),以下三个例子中"Pr-自己"与先行语之间的距离显然更远,两者出现在两个不同的句子里。

(7.6) **老通宝**虽然不很记得祖父是怎样"做人",但**父亲**的勤俭忠厚,**他**是亲眼看见的;**他自己**也是规矩人,……

(7.7) **老通宝**抬起他那焦黄的皱脸,苦恼地望着他面前的那条河,河里的船,以及两岸的桑地。一切都和他二十多岁时差不了多少,然而"**世界**"到底变了。**他自己**家也要常常把杂粮当饭吃一天。

(7.8) 洋鬼子怎样就骗了钱去,**老通宝**不很明白。但他很相信**老陈老爷**的话一定不错。并且**他自己**也明明看到自从镇上有了洋纱,洋布,洋油,——这一类洋货,而且河里更有了小火轮船以后,**他自己**田里生出来的东西就一天一天不值钱,而镇上的东西却一天一天贵起来。

例(7.6)中"他自己"与前一个句子的主语"他"(老通宝)同指。例(7.7)"他自己"和先行语"他"(老通宝)间隔了一个S-V(主谓)结构,按每个S-V为一个小句计算,则先行语在前两句。例(7.8)"他自己"出现两次,第一个与先行语"他"(老通宝)间隔一个小句,第二个距离这一先行语更远。这三个例子中的"他自己"强调或凸显的所指对象都是语篇内的MDP实体,并且都伴随有对比成分的同现,三个对比成分依次为"父亲"、"世界"、"老陈老爷"(的所指实体)。

再看例(7.9):

(7.9) 辛楣和鸿渐一夜在火车里没睡好,回房躺着休息,**李梅亭**打门进来了,问有什么好东西给他看。**两人**懒起床,叫**他自己**(**他**/*自己)看墙壁上的文献。(=(6.27b))

从例(7.9)我们能更清楚地看到复合反身代词之于简单反身代词的区别:"他自己"所在句子的 MDP 为"两人"(辛楣和鸿渐),而"他自己"应解读为与前一个语句(语段)后半部分里的"李梅亭"同指;因此"他自己"不可换成视点回指语"自己",但可换用代词"他"。复合反身代词"Pr-自己"的(替代性)强调或凸显功能由此可见一斑。同时,这个例子也反过来证明了"自己"特定的视点回指功能。这些现象均已为"语用原则"(4.8a—(i))或(4.8b—(i)—(a))所预测。

7.2.3 英语 "Pr-self"

本书开头已有谈到,英语中虽然不存在像某些语言中一样的简单反身代词(如冰岛语 sig、日语 zibun、汉语"自己"等),但(第三人称)反身代词"Pr-self"即使不是单语素的,也允准用作长距离回指和/或视点回指。Zribi-Hertz(1989)的有关研究理论在第三章做了介绍。她不主张将反身代词一分为二,分作小句内受约束和长距离受约束这样两种反身代词。她论证说,对英语反身代词属性的定义属于语篇语法(discourse grammar)问题,而句子语法只是语篇语法的一个次范畴,亦即在语篇语法中,反身代词统一定义为在最小视点领域内的受约束词项,再进而分为语篇层面的长距离反身代词(LDR)和句子层面的受成分统制性短语约束的反身代词(CBR)。其研究结论是:反身代词应该首先被界定为强制性受约束的词语,即它本质上是内指性(endophoric)而不是直指性(deictic)词语(即先行语通常必须出现在语篇当中);而"最小意识主语(MSC)"(相当于本书中的 MDP)约束条件和小句约束条件是这一根本内指性的特定表现——反身代词服务于篇章内部叙述视点,并在一定的结构领域受约束。

这样的结论是基本正确、恰当的。本研究关注的是用作长距离回指的反身代词,不考虑反身代词的"一分"还是"二分"。因而,我们的考察在一定程度证实了 Zribi-Hertz(1989)的结论。譬如说,例(7.10)中,两个 herself 各自受主语 Scarlett 和 she 的约束,而这两者的所指对象相同;因此(两个)herself 按语用准则(4.8a)解读为指向这一 MDP 实体。同样,例(7.11)中,himself 也作内部主人公视点指代(回指)理解,只是其所指的 Mr. Bumble 出现在 that-从句的主语位置而已。

(7.10) **Scarlett** had little use these days for honesty in **herself**, but the less **she** valued it in **herself** the more she was beginning to value it in others.

(7.11) It will be seen that **Mr. Bumble**, in receding from the fire, and still keeping at the table, increased the distance between **himself** and Mrs. Corney; which proceeding, some prudent readers will doubtless be disposed to admire, and to consider an act of great heroism on Mr. Bumble's part.

Baker(1995)的观点有所不同。他认为,英国英语中长距离反身代词(原文用语为"局部无约束反身代词")受制于"对比性"和"语篇显著性"条件,属于强势词语(intensives)中的一个次类(其余两类为"名词+反身代词"、"属格代词+own"),它跟主人公(原文用语为"意识主语")之间是一种较为间接的关系。另有一种观点(如 Cantrall 1974,Kuno 1987,Keenan 1988,——参看 Zirib-Hertz 1989)认为,反身代词(准确地说是指长距离反身代词——引者注)和代词的交互使用,实际上意味着代词的强调性和非强调性的交替用法。言下之意,反身代词是代词的一种强调(或强化)表达式,或者说,反身代词相当于重音(或重读)代词,而且具有对比作用。

这些论点都不无道理。我们只是觉得须厘清"强调"与"回指"的主次问题。我们的考察结果更接近于 Zribi-Hertz(1989)的研究结论。正如第四章里(4.4)的"语义信息表征"显示,作为长距离反身代词的 Pr-self,既具有(视点)回指功能,又具有强调作用;而且可以认为,总体而言,其回指功能是主要的,居第一位的,语义强调或凸显作用是次主要的,居第二位的。一般还认为,英语反身代词有"强调"和"非强调"之分,强调性(重读)反身代词主要承担视点回指和/或长距离回指功能。而从我们的语料分析看,强调性(常带对比性)的反身代词如例(7.11)和非强调性反身代词如例(7.10)都可用于长距离回指和/或视点回指。

再比较下列例子:

(7.12) a. **She** remembered also, that till the Netherfield family had quitted the country, he had told his story to *no one* but **herself**; but that after their removal, it had been everywhere discussed; that he had then no reserves, no scruples in sinking Mr. Darcy's character,…
(= (5.42f))

b. **She** was constitutionally unable to endure any man being in love with *any woman* not **herself**, and …

c. His commands would not have worried her at all and she would have gone about her business in spite of them, if **he** had not put her horse and buggy in the livery stable and ordered that they should not be surrendered to *anyone* except **himself**.

d. **Scarlett** had always liked Atlanta for the very same reasons that made

Savannah, Augusta and Macon condemn it. Like **herself**, *the town* was a mixture of the old and new in Georgia, in which the old often came off second best in its conflicts with the self-willed and vigorous new.

e. **He** had no idea that *the latter* was failing almost as fast as **himself**;… (= (5.42e))

f. **Charlotte**, detained first by the civility of Mr. Collins, whose inquiries after **herself** and *all her family* were very minute, and then by a little curiosity, satisfied herself with walking to the window and pretending not to hear.

g. **She** thought that, after all, a mating between **herself** and *Ashley* could be no queerer than that of her father and Ellen Robillard O'Hara. (= (5.42a))

h. It had always been evident to **her** that such an income as theirs, under the direction of two persons so extravagant in their wants, and heedless of the future, must be very insufficient to their support; and whenever they changed their quarters, either *Jane* or **herself** were sure of being applied to for some little assistance towards discharging their bills. (= (5.28a/5.42d))

上列所有句子里的 Pr-self 均为强调性反身代词,并都伴随有对比成分的同现,如粗斜体所示。例(7.12a)—(7.12c)中的 herself 和 himself 可理解为句子的焦点成分(focus)或限制性主导成分(restrictively dominant element)。例(7.12d)中的 herself 和例(7.12e)中的 himself 表示"比较义"(comparative)。例(7.12f)—(7.12g)中的 herself 表"合取义"(conjunctive)。而例(7.12h)中的 herself 表"析取义"(disjunctive)①。这些 Pr-self 均可按语用准则(4.8a)解读为回指语句(语篇)内的 MDP 实体。

而在下面例(7.13a)—(7.13c)中的句子里,三个强调性 himself 指代

---

① 现代英语没有主格反身代词,第三人称反身代词只有以无格标记(non-case-marked)形式进入由 and 或 or 连接的并列主语结构中,如例(7.12h)中的 herself,才能被接受(参看 Parker, Riley & Meyer 1990)。

的不是语句中的 MDP：这三个句子中（表达）MDP（的有指词语）分别为 her/She/Elizabeth。这表明，在一定篇章环境下（如对比项的出现或说话者另有意图），强调性反身代词可用以指代非 MDP 成分或实体。这三个句子中的 himself——例（7.13a）和例（7.13c）中的为合取结构成分，例（7.13b）中的为比较结构成分——分别解读为与 his/he/his 同指。

(7.13) a. Vain indeed must be all **her** attentions, vain and useless **her** affection for **his** sister and **her** praise of **himself**, if he were already self-destined to another. (MDP = her)
b. **She** attracted him more than **he** liked — and Miss Bingley was uncivil to *her*, and more teasing than usual to **himself**. (MDP = She) (= (5.54))
c. **Elizabeth** really believed all **his** expectations of felicity to be rationally founded, because they had for basis the excellent understanding, and super-excellent disposition of Jane, and a general similarity of feeling and taste between her and **himself**. (MDP = Elizabeth) (= (5.56))

看来，在英语篇章中出现的反身代词既受 MDP（实体）支配，也受"强调性"条件和/或"对比性"条件的制约，前者驱动篇章（主人公）视点回指，后者调节着非视点性长距离回指。对此，我们提出的语用原则（4.8）已给出了充分的解释。

7.3 汉英反身代词和篇章回指生成

篇章（语篇）回指理解和回指生成是一个硬币的两面，是"相反相成"的。这一节，我们将转而观察篇章回指生成中汉英长距离反身代词的使用特点、规律，并证明汉英篇章回指生成规律也能为我们所提出的"语用原则"（4.8）所诠释。我们依然利用所检索的（书面）叙事性小说语料证实（或证伪）有关的分析结论。

7.3.1 汉语反身代词与篇章回指生成

用以探讨汉语篇章回指生成的实例,主要取自于汉语原文本语料(即语料 I)和英译汉对比语料(即语料 III),以便从汉语原作和英汉翻译两方面观察篇章回指生成中汉语反身代词的功能特点。

语料观察发现,汉语篇章中主要有两大类涉及反身代词(视点)回指生成或建构的(宏观)模式。

第一类是单层(视点)回指模式,可分成三种(次)格式。

一是在给定(最小)语段中引入表示 MDP 实体的名词性 NP 或代词性 NP(即指示中心)之后,使用(或连续使用)简单反身代词"自己"(x)建构(或建构并维持)这一篇章回指关系。这种格局可图示于句(7.14)。

(7.14) NP_1...
   x_1...
   (x_1) ...

看以下的例子:

(7.15) a. **马老先生**$_1$在伦敦三四个月所得的经验,并不算很多:找着了三四个小中国饭铺,天天去吃顿午饭。**自己**$_1$能不用马威领着,由铺子走回家去。

  b. 他$_1$喜欢南方,并且自己$_1$以为很快就成了南方人。

(7.16) a. 他$_1$无情地、一心一意地追求一个目标,就是要拥有自己$_1$的住宅,自己$_1$的农场,自己$_1$的马匹,自己$_1$的奴隶。

  b. **方鸿渐**$_1$盘算一下,想爱尔兰人无疑在捣鬼,自己$_1$买张假文凭回去哄人,岂非也成了骗子?父亲和丈人希望自己$_1$是个博士,做儿子女婿的人好意思教他们失望么?买张文凭去哄他们,好比前清时代花钱捐个官,或英国殖民地商人向帝国府库报效几万镑换个爵士头衔,光耀门楣,也是孝子贤婿应有的承欢养志。反正自己$_1$将来找事时,履历上决不开这个学位。索性把价钱杀得极低,假如爱尔兰人不肯,这事就算吹了,自己$_1$也免做骗子……

例(7.15)中的两个例子只有一次性篇章视点回指编码。例(7.16)两个例子中的"自己"被连续使用,构成了回指关系链接。这些例子的篇章回指格局都遵循第四章(4.8b—(i))中的语用准则。

(7.14)中的篇章回指生成模式有一个变体(variant),如(7.17)所示："自己"前置,形成下指或后指关系(参考刘礼进 1997,2003)①。这一格式多半用于表示"时序、方式、因果、条件"等意义的复句中,比如例(7.18)中的四个例子(另见例(4.9))。

(7.17)　x_1...
　　　　　NP_1...
　　　　　(x_1)...

(7.18) a. 摸着自己$_1$的下巴,商会长$_1$又笑了一笑,侃过身体来说道:②……
　　　 b. 在买上自己$_1$的车以前,祥子$_1$拉过人和厂的车。
　　　 c. 因为要掩饰自己$_1$的口吃,韩学愈$_1$讲话少、慢,著力,仿佛每个字都有他全部人格作担保。
　　　 d. 至于自己$_1$家里的琐屑,她$_1$知道鸿渐决不会向方家去讲,这一点她相信得过。

二是以名词短语 NP(含代词,下同)引入 MDP 实体之后,交替使用"自己"(x)或"Pr-自己"(Pr-x)或代词(Pr),建立和维持篇章回指关系,其格局图示于(7.19)。

(7.19)　NP_1...
　　　　　$x_1/Pr\text{-}x_1/Pr_1$...
　　　　　$x_1/Pr\text{-}x_1/Pr_1$...
　　　　　$(x_1/Pr\text{-}x_1/Pr_1$...$)$

(7.19)中的格式意味着在语篇中引入 NP 后,任意(连续)选择上述三

---

① 下指(后指)现象也叫做"逆向回指"(backward anaphora)(见 van Hoek 1995:329)。
② 前面已提出,本研究因问题的复杂性原则上不考虑零代词用法,这组例子可为此提供些许理由。其一,这种句子中"自己"都指向后面的主语(句子的 MDP 成分)并且不可换用"他/她",因而设想之前存在一个零代词是无谓的,不恰当的。比如,假定之前存在代词或将代词补出,接受度便明显降低,比较"φ/? 他$_1$摸着自己$_1$的下巴,商会长$_1$又笑了一笑……'//'因为 φ/? 他$_1$要掩饰自己$_1$的口吃,韩学愈$_1$讲话少、慢,著力,仿佛每个字都有他全部人格作担保"。其二,例(7.18d)开头是引入话题的短语,"自己"之前不存在零代词,因而不存在"零代词假设"的可能。

个指代词语,建立并维持回指关系,括弧的使用表示该级(次)以上的回指链接为任意选择的(下同)。比如,以下例(7.20a)中的回指格局为 NP_1—x_1—Pr_1;例(7.20b)中的为 NP_1—Pr-x_1—Pr-x_1—x_1;例(7.20c)中的为 $NP(Pr)_1$—Pr-x_1—x_1—Pr_1。

(7.20) a. **三仙姑**$_1$起先还以为**自己**$_1$仍有勾引青年的本领,日子长了,青年们并不真正跟**她**$_1$接近。

b. **达西**$_1$所以喜欢彬格莱,是因为彬格莱为人温柔敦厚、坦白直爽,尽管个性方面和**他自己**$_1$极端相反,而**他自己**$_1$也从来不曾觉得**自己**$_1$的个性有什么不完美的地方。

c. **他(刘四爷)**$_1$说:混了一辈子而没出过京门,到底算不了英雄,乘着还有口气儿,去到各处见识见识。再说(=不管怎样),**他自己**$_1$也没脸再在城里混,因为**自己**$_1$的女儿给**他**$_1$丢了人。

三是以 NP 引入语篇所指实体(或 MDP)后,交替使用 Pr-x 或 Pr,建立和/或维持篇章回指关系。其回指格局图示于句(7.21),例子如例(7.22a-b):例(7.22a)的回指格为 NP_1—Pr_1—Pr-x_1;例(7.22b)的为 NP_1—Pr_1—Pr-x_1—Pr-x_1—Pr_1—Pr-x_1。这种模式描述的回指现象,符合语用准则句(4.8b—(i)—(a)/(b))的预测,亦即句(7.21)所概括的回指格式纯粹是由客观叙述视角和意在特别强调或凸显语篇实体的语用动因驱动的。

(7.21) NP_1…
　　　Pr-x_1/Pr_1…
　　　(Pr-x_1/Pr_1…)

(7.22) a. **吉英**$_1$心里有了快活的事情,向来不隐瞒伊丽莎白,于是**她**$_1$马上抱住妹妹,极其热情地承认**她自己**$_1$是天下最幸福的人。

b. 关于这个谣传,究竟有什么根据呢?这真叫**伊丽莎白**$_1$无从想象,后来**她**$_1$才想起了达西旧彬格莱的好朋友,**她自己**$_1$是吉英的妹妹,而目前大家往往会因为一重婚姻而连带想到再结一重婚姻,那么,人们自然要生出这种念头来了。**她自己**$_1$也早就想到,姐姐结婚以后,**她**$_1$和达西先生见面的机会也就更多了。因此卢家庄的邻居们竟把这件事看成十拿九稳,而且好似就在眼前,可是**她自己**$_1$只不过觉得这件事将来有点希望而已。

第二类为双层(多层)回指结构模式——由两个(以上)不同指的指代

词语构成的所指格局。在一定语篇片段中存在或需要生成双层(多层)回指格局时,通常存在着简单反身代词与复合反身代词与代词的明确分工:总的趋向是,(i)用"自己"(x = 视点回指语)指代(篇章中的)MDP(实体),用代词(Pr)指代其他(非 MDP)实体;(ii)用"自己"指代 MDP,用"Pr-自己"(Pr-x)指代其他实体;(iii)以"Pr-自己"指代 MDP,以代词指代其他实体;(iv)以"自己"指代 MDP,以"Pr-自己"和/或代词指代其他实体。对应这四种情形的有关回指格式可依次图示为(7.23a)—(7.23d):其中,NP_1表示编码 MDP 的先行语;NP_2(NP_3)代表编码其他实体的先行语。

(7.23) a. NP_1... x_1... vs. NP_2... Pr_2...
      b. NP_1... x_1... vs. NP_2... Pr-x_2...
      c. NP_1... Pr-x_1... vs. NP_2... Pr_2...
      d. NP_1... x_1... vs. NP_2... Pr-x/Pr_2... (vs. (NP_3... Pr-x/Pr_3...))

将(7.23)里的四种回指格式落实于具体实例,情形就更为清晰:(i)"自己"与代词同时使用时,前者用以指代(语篇中的)MDP,后者用以指代其他实体,如例(7.24a);(ii)"自己"和"Pr-自己"共用时,前者用以指代 MDP,后者用以指代其他实体,如例(7.24b);(iii)"Pr-自己"和代词共用时,前者用以指代 MDP,后者用以指代其他实体,如例(7.24c);(iv)"自己"与"Pr-自己"/代词(或再度与"Pr-自己"/代词)共用时,前者用以指代 MDP,后者(等)用以指代其他实体,如例(7.24d)。

(7.24) a. 吉英$_2$的病还不见好转,伊丽莎白$_1$寸步不离地守着她$_2$,一直到黄昏,看见她$_2$睡着了,才放下了心,觉得自己$_1$应该到楼下去一趟。
      b. 祥子$_1$像被一口风噎住,往下连咽了好几口气。刘老头子和人和厂的车夫,都以为自己$_1$是贪财,才勾搭上虎妞$_2$;现在,她自己$_2$这么说出来了!自己$_1$的车,自己$_1$的钱,无缘无故的丢掉,而今被压在老婆的几块钱底下;吃饭都得顺脊梁骨下去!
      c. 丽迪雅$_1$却完全没有把爸爸的话当一回事,还是接着说下去,说她自己$_1$多么爱慕卡特上尉,还希望当天能够跟他$_2$见面,因为他$_2$明天上午就要到伦敦去。
      d. 高松年$_1$闻讯匆匆到教员宿舍里应酬一下,回到办公室,一月来的心事不能再搁在一边不想了。自从长沙危急,聘好的教授里十个倒有九个打电报来托故解约,七零八落,开不出班,幸而学生也受战事影响,只有一百五十八人。今天一来就是四个教授,军容大震,向部里报上也体面些。只是怎样对李梅亭和方鸿渐解释呢?部里汪次长介绍汪处厚来当中国文学系主任,**自己**$_1$早写信聘定李梅亭了,可是汪处厚是汪次长的伯父,论资格也比李梅亭好,那时候给教授陆续辞聘的电报吓昏了头,怕上海这批人会打回票,只好先敷衍次长。汪处厚这人不好打发,**李梅亭**$_2$是老朋友,老朋友总讲得开,就怕**他**$_2$的脾气难对付,难对付!**这姓方的青年人**$_3$倒容易对付的。**他**$_3$是赵辛楣的来头,辛楣最初不肯来,介绍了**他**$_3$,说**他**$_3$是留学德国的博士,真糊涂透顶!**他自己**$_3$开来的学历,并没有学位,只是个各国浪荡的流学生,并且并非学政治的,聘**他**$_3$当教授太冤枉了!至多做副教授,循序渐升,年轻人初做事不应该爬得太高,这话可以叫辛楣对**他**$_3$说。为难的还是**李梅亭**$_2$。无论如何,**他**$_2$千辛万苦来了,决不会一翻脸就走的;来得困难,去也没那么容易,空口允许**他**$_2$些好处就是了。他$_2$从私立学校一跳而进公立学校,还不是**自己**$_1$提拔**他**$_2$的;做人总要有良心。

以上例(7.24)中的四个例子,尤其是例(7.24d),可充分说明一条不可动摇的语用原则或规律:在其他条件都相等的情况下,双层(多层)篇章回指生成中,说话人(作者)总是以"自己"指代 MDP(实体),以另外两个指述词语指代其他实体。这是由作为视点回指语的"自己"指别(指示并区别)功能的作用促成的结果(刘礼进 2008b)。总之,汉语反身代词的这些功能特点和规律符合我们在第四章提出的语篇回指生成准则之附则(4.8b—(i)—(c))的预测。

7.3.2 英语反身代词与篇章回指生成

从篇章回指生成角度分析英语反身代词用法的实例来自于英语原文本语料(即语料 I)和汉译英对比语料(即语料 II)。由于不存在如汉语反身代词的"简单式""复合式"二分系统,不像它们那样可灵活地用作主、定、宾语各种成分,英语反身代词(Pr-self)在篇章中的回指功用颇受限制,因而其篇章回指建构(宏观)模式相对较为简单。根据我们对相关语料的观察得知,涉及英语反身代词的篇章回指用法也可分为单层和双层(多层)回指结构模式。

单层回指模式,归结起来不外乎有两个主要回指格局,包括具有(长距离)反身义的强调性属格代词短语(物主代词短语)"one's own"的用法。(语篇生成中的)这两种篇章回指格局分述如下:

其一,在(最小)语段中用名词短语 NP(含主格代词,下同)引入 MDP 实体(有时也可能为其他实体)后,使用(或连续使用)反身代词(Pr-self/one's own)建立和维持篇章回指关系。这种情况下的回指格式与汉语中的回指格式(7.14)相似,表示于(7.25)。这样的篇章回指生成模式,理论上说是由(4.8b—(ii))中的语用准则驱动促成的。

(7.25) NP_1...

　　　　Pr-self/one's own_1...

　　　　(Pr-self/one's own_1...)

试看下列例子——例(7.26a—b)为句内回指,(7.26c)为超句/语篇层回指,这都是由 Pr-self 建立的单层回指关系:

(7.26) a. **They**$_1$ acted as if she were one of **themselves**$_1$ and not a day over sixteen.

　　　 b. **He**$_1$ had told Gerald over and over that Emmie Slattery's baby might have been fathered by any one of a dozen men as easily as **himself**$_1$ — an idea in which Gerald concurred — (= (5.41))

　　　 c. **Scarlett**$_1$ had always liked Atlanta for the very same reasons that made Savannah, Augusta and Macon condemn it. Like **herself**$_1$, the town was a mixture of the old and new in Georgia, in which the old often came off second best in its conflicts with the self-willed and vigorous new. (=7.12d))

与汉语相同的是,这一回指格局也有个变式:将反身代词置前,构成下指。下指的反身代词多半用于复合结构中前置的副词/状语性短语或小句,并且以用于介词短语/分词短语为常。其格式如(7.27),实例如例(7.28a—d)所示。

(7.27) Pr-self/one's own_1...

　　　　NP_1...

　　　　(Pr-self/one's own_1...)

(7.28) a. Depressed by the helplessness of **herself**$_1$ and her friends, of the whole South, it was not strange that **Scarlett**$_1$ often remembered during these days the words which Tony Fontaine had spoken so passionately.

b. Since **his own**$_1$ life was worth nothing, **he**$_1$ could do what he liked with it.

c. Before buying **his own**$_1$ rickshaw, **Xiangzi**$_1$ had rented one from Harmony Yard.

d. As for **her own**$_1$ family's trifles, **she**$_1$ knew Hung-chien would never speak of them to the Fangs.

其二,在用 NP 引入 MDP 实体之后,同时使用代词(Pr)和反身代词建立或维系篇章回指关系。其格局表示于(7.29);实例如例(7.30a—c)。这些回指生成模式也都为第四章提出的语用准则(4.8b—(ii))和/或(4.8b—(ii)—(a))所预测。

(7.29) NP$_1$...
Pr$_1$.../Pr-self$_1$(one's own$_1$)...
(Pr$_1$.../Pr-self$_1$(one's own$_1$)...)

(7.30) a. **She**$_1$ was even sensible of some pleasure, though mixed with regret, on finding how steadfastly both **she**$_1$ and **her**$_1$ uncle had been persuaded that affection and confidence subsisted between Mr. Darcy and **herself**$_1$.

b. When **she**$_1$ considered how unjustly **she**$_1$ had condemned and upbraided him, **her**$_1$ anger was turned against **herself**$_1$.

c. **Li**$_1$ was a genuine hero, because **he**$_1$ could build **his own**$_1$ world!

例(7.30)中的三个例子为长度不一的复合结构的句子,当中都只有一层同指关系链接,所指对象为语句(语段)内的 MDP 实体。其回指生成中说话者或叙述者(作者/译者)既用了代词,也用了反身代词,代词的使用受客观叙述视点驱动,反身代词的使用受(主人公)主观叙述视点和/或对实体的强调、凸显需求的驱动。

再看语篇中的双层(多层)回指结构模式。英语篇章中双层(多层)回指模式,一定程度上也趋同于汉语篇章双层(多层)回指模式,但是不及有两种反身代词的后者情形复杂。具体说,在给定的语段中需建构双层(多层)回指关系时,一般情况下,总是以反身代词(Pr-self/one's own)或交替使用反身代词和代词指述(篇章中的)MDP(编码为 NP_1),以代词(Pr)指代其他实体(编码为 NP_2 等)。其总的格局可统一图示于(7.31)。

(7.31) NP_1... Pr-self/one's own$_1$(Pr$_1$) ... vs. NP_2... Pr$_2$... (vs. (NP_3... Pr$_3$...))

举例如下:

(7.32) a. **Miss Cathy**$_1$ shrieked and stretched out **her**$_1$ arms as soon as **she**$_1$ caught **her father**'s$_2$ face looking from the window. **He**$_2$ descended, nearly as eager as **herself**$_1$; and ... (= (1.16))

b. In **his**$_2$ present behavior to **herself**$_1$, moreover, **she**$_1$ had a fresh source of displeasure, for the inclination **he**$_2$ soon testified of renewing those attentions which had marked the early part of their acquaintance could only serve, after what had since passed, to provoke her.

c. **She**$_1$ remembered also, that till **the Netherfield family**$_2$ had quitted the country, **he**$_3$ had told **his**$_3$ story to no one but **herself**$_1$; but that after **their**$_2$ removal, it had been everywhere discussed; that **he**$_3$ had then no reserves, no scruples in sinking **Mr. Darcy's**$_{2-1}$ character, though **he**$_3$ had assured **her**$_1$ that respect for **the father**$_{2-2}$ would always prevent **his**$_3$ exposing **the son**$_{2-1}$.

(7.33) a. **Fang**$_1$ told **her**$_2$ of **his own**$_1$ impressions and urged **her**$_2$ not to be afraid.

b. At this juncture, **Mrs. Wendell**'s$_1$ mind turned to the issue of **her own**$_1$ marriage plans; how was **she**$_1$ going to break the news to **Mary**$_2$? **Mary**$_2$ was such a proud young girl, how could **she**$_1$ tell **her**$_2$ that **she**$_1$ was going to marry a "chink"? **She**$_1$ wondered whether it was a wise decision or not; from the perspective of maintaining **her**$_1$ social standing, it wasn't. But what about **her own**$_1$ happiness?

c. **He**$_1$ kept it firmly in mind that **he**$_1$ was going to forget the whole matter. Whenever **his**$_1$ thoughts veered off in that direction, **he**$_1$ would hurriedly change **his**$_1$ line of thinking, though not before **he**$_1$ felt a twinge of shoe. Lu's remarks just now, however, had been like a dose of medicine half easing the shame in **his**$_1$ heart. **Han Hsueh-yu**$_2$ was telling **his**$_2$ lie, and while **they**$_{2+1}$ were not in collusion, it was as if having Han there lightened the charges of deception against **himself**$_1$.

例(7.32)中的三个例子来自语料(I)中的英语原文本语料,其中,反身代词所指的都是 MDP 实体。其双层(多层)回指格局分别为:例(7.32a): Miss Cathy$_1$…(her/she$_1$)herself$_1$ vs. her father$_2$… He$_2$;例(7.32b)为下指格式:herself$_1$… she$_1$ vs. his$_2$… he$_2$;例(7.32c)中的 Mr Darcy(=the son)和 the father 是 the Netherfield family 的成员,为其子集,因而不另外分层:She$_1$… herself$_1$(her$_1$)vs. the Netherfield family$_2$… their/Mr. Darcy/the father/the son$_2$ vs. he$_3$(Wickham)… his/he/he/his$_3$。注意例(7.32c),由于涉及到三个篇章实体,作者在最后两行直接使用了专有名词(Mr. Darcy)和表示身份的有定名词语(the father/the son)而未使用代词,以避免产生歧义,增加篇章理解难度。

例(7.33)中的三个例子来自于语料(III)中的汉译英(即英译)文本语料。不难看出,当中存在相似于例(7.32)中的情形:语义量大的反身代词也被(两位译者)用来指代 MDP 实体,代词用以指代其他(非 MDP)实体。其双层同指格局为:例(7.33a):Fang$_1$… his own$_1$ vs. her$_2$… her$_2$;例(7.33b):Mrs. Wendell$_1$… her own$_1$/(she/she/she/she/her$_1$)her own$_1$ vs. Mary/Mary$_2$… her$_2$;例(7.33c):He$_1$(Fang)…(he/his/he/his/he/his$_1$/they$_{1+2}$)himself$_1$ vs. Han Hsueh-yu$_2$… his$_2$/they$_{2+1}$——其间的复数代词 they 的先行语为分裂性先行语。

由这些例子的描述可知:(i)英语篇章回指生成中反身代词一般用于指代和/或凸显 MDP 实体(当然也可用于凸显其他成分,见§7.2.3),但是,其使用或连用频次不高;(ii)相对来说(如以上例了所示),代词化是英语篇章回指建构的重要手段;(iii)英语篇章中的双层(多层)回指现象,像汉语篇章回指一样,其实也是第四章提出的语用准则和附则(4.8b—(ii)—(a)/(b))交互作用的结果。

概而言之,如上述考察所示,相对于汉语反身代词,英语反身代词恐怕不是篇章回指建构的主要成分,而受"说话者叙述视角"驱动的代词化(pronominalization)手段,或许更适合于英语篇章回指的建立。正如 Givón(1983,见刘礼进 2008b:35)所言,英语篇章中多层词语同指结构的区分一般通过代词化手段来实现,语篇主人公应当并更可能成为被代词复指的实体。

7.4 再谈有关问题

现在,我们再来讨论一下有关汉语反身代词"自己"的几个问题,看看"语用原则"(4.8)能否对这一视点回指语做出较为充分和一致的阐释。先说前人研究文献中涉及的有关例子;然后再看我们在第五章讨论过的关于"自己"的"非视点回指"问题。

根据徐烈炯(1997,1994)的研究(参阅本书§2.4.3和§2.4.5),"自己"的回指没有严格的语法限制,它的先行成分并不限于(句子)主语,还可以受宾语甚至隐含的论元约束,就是说,不存在主语倾向性(又见束定芳等人2009:434)。他的研究结论得到如下这样一些例子的支持(徐烈炯1997)。

(7.34) a. 张先生的父亲的阴谋被<u>自己</u>的朋友识破了。
b. 张先生的父亲的钱被<u>自己</u>的朋友偷走了。

(7.35) 这件事告诉他<u>自己</u>以前的想法不一定对。(=(2.39))

(7.36) 我想老奶奶还不知道卖鱼的骗了<u>自己</u>。(=(2.62))

在徐烈炯先生看来,例(7.34)中两个句子的结构相同,但解读不完全一样:在例(7.34a),识破阴谋的只能是(张先生的)父亲的朋友,不是张先生的朋友;而在例(7.34b),偷钱的可能是张先生父亲的朋友,也可能是张先生的朋友。他指出,例(7.34a)和例(7.34b)所指不同,一定有其他因素起作用。但是,他没有说明究竟是什么因素在起作用。例(7.35)是非主语倾向(导向)的典型例子。他认为,主语不指人时,其他成分可能与反身代词共指。例(7.36)是徐烈炯先生用来测试"最大句子效应"和"最小句子效应"这两个说法的例子(见§2.4.5)。测试结果是,受骗对象是"老奶奶",也就是,"自己"指的是老奶奶,而不是鱼贩子和说话者。

徐烈炯先生的分析应该没有太大的问题；其缺陷是存在不确定性、不一致性。换言之，这些长距离反身化（长距离回指）现象不是句法问题，而是语用学问题。以句法手段、从句法理论（思维）出发，分析本质上的语用现象，自然难以得出较充足的意见。本书第四章提出的"语用原则"(4.8)其实可以对这些例子做出更明确而合理的、更充分的解释或预测。例如，例(7.34a—b)这两个句子中"自己"应（优先）理解为与张先生的父亲同指，因为，"张先生的父亲"（而非张先生）才是该回指语左侧最近的、易通达的、并作视点回指解读的显著性实体。在例(7.35)中，"他"是"自己"唯一可通达的先行语：虽然做宾语，但它是语句中唯一的 MDP 实体。在例(7.36)中，"老奶奶"按上述同样的理由应理解为是"自己"的先行语或所指中心。因为，我们的语用原则(4.8)中所说的篇章视点回指（亦即"MDP导向"）解读准则，跟所谓"最小最大句子效应"无关。换句话说，"最小最大句子效应"在我们的语用分析框架中不起作用。事实的确如此。对例(7.36)而言，按照"视点领域条件"(4.16)，长距离反身代词"自己"可以逾越底层小句结构构成的视点领域（DPV），但不能逾越中间层小句结构"老奶奶—不知道……"构成的视点领域，即说话人"我"不能充当（语篇）视点回指中心。总之，以上四个句子中的回指现象都能为第四章的语用准则(4.8a)及附加的制约条件(4.16)所预测或解释。

再来看 Huang Yan（黄衍）曾讨论过的几个例子。Huang（1994：80ff）很不赞同按 Bouchard（1982，1984）的方案将汉语"自己"分析为代词的一种变式或变体。他认为，有足够证据证明，长距离指代用法的"自己"是回指语或照应语（anaphor）而不是代词。请看他（Huang 1994：80—81）提供的两对例句（原文为汉语拼音）：

(7.37) a. *小强$_1$,小明$_2$说小华$_3$看不起自己$_1$。
　　　 b. 小强$_1$,小明$_2$说小华$_3$看不起他$_1$。

(7.38) a. *小明$_1$的弟弟$_2$说小华$_3$看不起自己$_1$。
　　　 b. 小明$_1$的弟弟$_2$说小华$_3$看不起他$_1$。

Huang（1994：82）指出，这几个句子说明 Bouchard（1982，1984）的"代词分析法"不成立——"按此分析法预测，这些句子就都应该合格，显然这不合乎事实"。他还指出，例(7.37a)或(7.38a)中的"自己"不同于例

(7.37b)或例(7.38b)中的代词之处,在于它不可以经历话题化(topicalization),即不能与话题成分同指,或者不能与被包含于可能约束成分(potential binder)中的名词短语同指。

Huang Yan 的分析确有一定道理。就事论事地说,"自己"在例(7.37a)不能指代话题成分,在例(7.38a)不能指代主语的修饰成分固然毫无异议,但是,这却无法泛化开来变成"通则"。试比较:

(7.39) (对于)小强$_1$(啊),自己$_1$不会不知道小华$_2$看不起自己$_1$。(笔者自拟)

(7.40) 小明$_1$的一位朋友$_2$写信转告说小华$_3$很喜欢自己$_1$。(笔者自拟)

(7.41) 祥子$_1$的眼$_2$红得可怕,眼角$_3$堆着一团黄白的眵目糊;耳朵$_4$发聋,楞楞磕磕的随着大家乱转,可自己$_1$不知道作的是什么。(本书的语料例子)

这些例子中"自己"所指的也是话题成分,如例(7.39)的"小强",或者也是(嵌入于)主语结构的修饰语,如例(7.40)的"小明"和例(7.41)的"祥子",但两者构成的同指却不成问题。究其原因,例(7.39)中后续陈述结构中的主—谓小句不构成独立性视点回指领域;例(7.40)中,"一位朋友"相对于例(7.38a)中的"弟弟"其显著度低很多,以至于"自己"可以逾越它所构成的视点领域界限而与"小明"达成共指;而例(7.41)中,介于"自己"与"祥子"之间的名词成分不具备(4.18)规定的"生命性/意识性"条件,因此,该回指语与先行语之间的四个主—谓结构(小句)都不形成独立的视点领域而阻断其长距离回指[①]。相比而言,例(7.37a)和例(7.38a)里的长距离回指之所以不成立,是因为"自己"不能逾越之前两个主—谓小句构筑的视点回指领域;而例(7.37b)和例(7.38b)的回指关系之所以成立,是因为代词"他"的使用受客观叙述视点驱动,原则上不受任何视点领域条件的制约。

以上的分析均为我们提出的语用原则之制约条件(4.16)和(4.18)所涵盖。

---

① 注意例(7.41)第四小句的"……随着大家乱转",其中"大家"为泛指代词并在句中做旁语,不是语段中"自己"可通达的显著性实体;因此,它虽具有生命特性,但不会干扰和影响"自己"的长距离回指用法。

第七章　汉英反身代词篇章功能的语用阐释

最后，来看第五章讨论过的"自己"的"非视点回指"现象。按照我们在5.5.3节所做的(暂时性的)分析，该章例(5.51)—(5.53)这三个例子——下面重新编为例(7.42)—(7.44)——中"自己"的"非视点回指"用法，是特定篇章环境下说话者(临时)超出一般语用原则或规律而执行指示中心二次让渡操作的后果使然。

(7.42) 她说她曾经**知道顺姑**因为看见谁的头上戴着红的剪绒花，<u>自己</u>也想一朵，弄不到，哭了，哭了小半夜，就挨了她父亲的一顿打，后来眼眶还红肿了两三天。

(7.43) 辛楣不答应，方李顾三人也参加吵嘴，**骂这汉子**蛮横，<u>自己</u>占了坐位，还把米袋妨碍人家，既然不许人家坐米袋，<u>自己</u>快把位子让出来。

(7.44) 祥子活了心，还有点觉得对不起曹先生，可是**老程**说得也很近情理——侦探拿枪堵住<u>自己</u>，怎能还顾得曹家的事呢？

如前所说，这三个自然语篇例子符合或满足本书上述所谓"典型视点回指式"(参看 Sells 1987, Huang 1994)的条件：语篇中(后续小句)的来源(source)角色分别为"她"、"方李顾"、"祥子"，视点回指领域触发语(trigger)分别为"说……知道"、"骂"、"活了心……觉得"，并且回指语"自己"处于触发语触发(引入)的宾语从句领域中；但"自己"的所指却不是这些句子的(大)主语或语篇中(后续小句)的来源角色。因而，如上所说，前述分析将这归因于说话者为因应特定语境因素需一时做出"二度转让指示中心"的超常规推理操作所致。这样的分析结论基本上站得住脚。

然而，进一步来说，这几个例子实际上同样可置于本书第四章所制定的"语用原则"(4.8)和"语篇视点领域条件"(4.16)之下获得一致性的解读。既然语用原则不等于语法规则，既然我们的"语用原则"(4.8)并未硬性规定任何场合下"自己"必须与语篇中的来源角色或主句主语同指，我们就有理由并完全能够以这一语用机制对其做出统一的阐释。试简析如下：

在例(7.42)—(7.44)中，"自己"应(优先)解读为分别指代小句主语"顺姑"、"这汉子"、"老程"，因为，由它们构成的小句结构，是反身代词"自己"不可逾越的(opaque)独立视点领域；因此，它们是这些最小语段中该回指语的最近的显著性 MDP 实体。换言之，说话者(小说作者)所做的(将所指中心从主句主人公移至小句主人公身上)这一"指示中心二度转移"，事实上已经促成了最小语篇界限的变更——这三个例子中的最小篇章领域已然是后面的内嵌小句和并列小句;因而"自己"应解读为分别指向这些小句中的主语"顺姑"、"这汉子"、"老程"。这也就是说,这三个例子实际上依然是篇章(次)视点回指结构式,而不是真正意义上篇章中的"非视点回指式"。

7.5 小结

上面,我们运用本书第四章提出的语用原则(4.8)及其制约条件(4.16)和(4.18),探讨分析了汉、英篇章中反身代词的回指功能和回指生成模式。分析表明,汉语"自己"可定义为"视点回指语",其根本的功能是回指篇章中的 MDP(实体),尽管它同时也具有一定的强调功用。汉语"Pr-自己"可视作代词的一种强势语形式,其作用重在凸显篇章所指实体并明示不同词项(所指实体)之间的对比性。英语"Pr-self"在语篇中既具有视点回指作用,又有强调/凸显和对比功能。从语篇生成来看,汉、英语主要有两类涉及反身代词的篇章回指生成(宏观)结构模式:单层(视点)回指和双层(多层)回指。由于汉语中存在简单和复合反身代词,因而,其篇章回指生成模式要比英语反身代词的更复杂些。总之,对于汉英反身代词在语篇中的回指功能和回指生成模式,本书第四章既定的"语用准则"(4.8a)—(4.8b)能够提供较为合理、充分的阐释。而这,也为本章最后一节对文献中和本书前面讨论过的三种问题的重温所证实。

第八章

结 论

8.1 引言

篇章视点回指是篇章回指的一种具体形式或特定现象,本书专指长距离反身代词之于最小语篇主人公(MDP)实体的回指关系。汉英篇章中都存在这么一种回指关系,在汉语中主要(假若非绝对)是由简单反身代词"自己"建立,在英语中由反身代词"Pr-self"建立。

本研究采用"对比功能分析法"(Chesterman 1998,又见许余龙 2005,2010:§11),探讨了汉英叙事语篇中反身代词的视点回指和/或长距离回指现象。我们的考察,是根据自制的汉英小说对比语料进行的,主要包括两方面的基本任务和目标:其一,利用汉、英语原文小说语料调查汉英篇章中视点回指和/或长距离回指的结构分布,即回指语(反身代词)与先行语(MDP 实体或非 MDP 实体)在语法成分上的关联方式。其二,利用汉译英语料和英译汉语料调查汉语反身代词与其英语对译/对应用语的情况,以揭示汉语反身代词与英语反身代词或指代词语的篇章功能特点及语用动因。之后,在本书第四章根据前人的研究理论观点或学术思想提出的分析框架("汉英长距离反身代词语用原则"),对汉英篇章中反身代词的回指功用和回指生成模式做了统一的阐析。

下面,我们先对本书的研究进行总结;然后指出本书的不足之处和进一步研究的方向。

8.2 总结

总括起来说，本书的研究结果或发现主要体现在三个方面，即对于汉英语反身代词的篇章视点回指式、汉语反身代词与其英语对译/对应用语以及汉英语反身代词的回指功能及回指生成模式的研究结果或发现。

通过对语域或文体相同的汉英语原文小说语料（语料 I）的调查分析，我们发现，汉英篇章中反身代词的视点回指式（回指语与先行语的关联方式）既存在相同之处，也存在不同之处。主要的相同或相似之处在于，两者的"一般性视点回指式"在叙事语篇中均相对较为普遍。主要的差异在于：(i) 由"视点回指动词"触发并由简单反身代词"自己"构成的"典型视点回指式"常见于汉语叙事语篇当中；而英语篇章中由反身代词 Pr-self 构成的这种"典型视点回指式"相对鲜见，尤其是，我们在本书的英文语料中未发现超句子/语篇层面的视点回指实例，说明这或许不是英语中的普遍性回指结构式。(ii) 英语 Pr-self 的"非视点回指式"要比汉语"自己"的"非视点回指式"在篇章中更常见。原因很可能是英语反身代词不但负有建立篇章回指的责任，而且还承担着语义强化和形成信息对比的功能。(iii) 总体而言，汉语"自己"的视点回指式和/或长距离回指式的出现频数，压倒性地超过英语 Pr-self 的视点回指式和/或长距离回指式的出现频数（722 vs. 93），表明前者是叙事语篇中基本的或常见的连贯现象，后者不是（另参见刘礼进 2011b）。

通过对汉译英对比语料（语料 II）和英译汉对比语料（语料 III）的调查分析，我们发现：(i) 叙事语篇中，汉、英语使用的回指表达式虽有所相似，但两者之间存在的差异是主要的，即汉语常用反身代词建立视点回指或长距离回指，而英语更多地使用普通代词建立长距离回指。(ii) 汉语简单反身代词通常与英语（普通）代词相对译/对应，也就是汉语"自己"常译成和译自于英语代词。这表明，说汉语的人易受主人公（主观）叙述视点驱动，多用"自己"建立篇章回指关系；说英语的人常立足于观察者（客观）叙述视角，使用代词建构篇章回指关系，从而说明英语反身代词相对来说不是篇章回指建构的主要手段,代词化或更适合于英语篇章回指的构建。究其原因,一方面英语中缺失如汉语"自己"一样的专司篇章视点回指/长距离回指之职的简单反身代词;另一方面英语属于规范的屈折语,词语本身的形态变化(如代词的人称、性、单复数特征变化)能明确标示各词语之间的语法关系和所指关系,因而(受说话者叙述视角驱动的)代词化手段不但不会造成语篇理解困难,反而还能使语篇生成更为经济、省力。这后一条原因又反过来成为前一个原因存在的理据,说明英语无须像汉语那样衍生出一个词汇化的单语素反身代词(如self)。(iii)就汉语复合反身代词与其英语对译/对应用语情况来说,汉语中各句位的"Pr-自己"大多是相应地译成和译自于英语中各格位的代词,原因或在于操汉语者要比操英语者更喜欢使用强势或强调性指代词语来凸显语篇所指对象(参见刘礼进2011a)。

我们运用本书第四章提出的语用原则(4.8)及其制约条件(4.16)/(4.18),对汉英反身代词在篇章中的回指功用和回指生成(宏观)模式做了详细分析,获得了以下结果:

1)汉语简单反身代词"自己"可定义为"视点回指语",它的根本功能是指代MDP实体(尽管同时它也可起一定的强调作用);复合反身代词"Pr-自己"主要用做代词的一种强化形式,其重要作用在于凸显篇章所指实体,并且明示词项(所指实体)之间的对比性。作为英语篇章中的长距离反身代词,Pr-self既可用以建立视点回指关系,又用以对语篇中的所指实体加以强调或比对。

2)从篇章回指生成看,汉、英语主要包括两种涉及反身代词的回指(宏观)结构模式:一是单层(视点)回指结构模式;一是双层(多层)回指结构模式。由于汉语中存在简单反身代词和复合反身代词,因而,其回指结构模式比英语中的回指结构模式显得更复杂些。具体而言,单层(视点)回指结构模式在汉语篇章中主要包括三种情形:(i)在给定的语段中,以名词性短语(NP)(含主语代词,下同)引入MDP实体之后,使用或连续使用"自己"编码或维持这一回指关系;(ii)在给定的语段中,以名词短语引入MDP实体之后,交替使用"自己"或"Pr-自己"或代词,建立和维持篇章回指关系;(iii)在给定的语段中,以名词短语引入MDP实体之后,交替使用"Pr-自己"或代词,建立和维持篇章回指关系。单层回指结构模式在英语篇章中主要有两种情形:(i)在给定的语段中,用名词性短语(常含主格代词,下同)引入 MDP 实体(或其他实体)之后,使用或连续使用反身代词建立或维持篇章回指关系;(ii)在给定的语段中,用名词短语引入 MDP 实体之后,同时使用反身代词和代词建立和维持篇章回指关系。双层(多层)回指结构模式在汉语篇章中的建构情形有四:(i)用"自己"指代 MDP,用代词指代其他实体;(ii)用"自己"指代 MDP,用"Pr-自己"指代其他实体;(iii)以"Pr-自己"指代 MDP,以代词指代其他实体;(iv)以"自己"指代 MDP,以"Pr-自己"和/或代词指代其他实体。双层(多层)回指结构模式在英语篇章中的建构情形相对简单,一般情况下,总是以(反身代词)Pr-self 或交替使用代词和 Pr-self 指代 MDP 实体,以代词指代其他实体。

3) 对于汉英反身代词在语篇中的回指功能和回指生成模式,本书第四章提出的分析框架——语用准则(4.8a)—(4.8b)、视点领域条件(4.16)、(先行语/MDP 实体)生命性/意识性条件(4.18)——能够对其做出较合理、充分的一致性阐释。而这,通过第七章 7.4 节对文献中和本书前面已讨论过的关于"自己"的几个问题的重温,获得了进一步的证实。具体讲,出现在自然篇章中的汉英反身代词,尤其是汉语(简单反身代词)"自己"和用作视点回指的英语 Pr-self,其回指解读受到语用准则(4.8a)、视点回指领域条件(4.16)和(先行语的)生命性/意识性条件(4.18)的支配;而篇章回指生成中的汉英反身代词,其使用受语用准则(4.8b)、视点领域条件(4.16)和(先行语的)生命性/意识性条件(4.18)的制约。

本书着重研究的是篇章回指的一种具体而特定的表现形式——由汉、英语反身代词构建的视点回指和/或长距离回指。这项研究既有理论意义,又有实用意义。

本书第四章提出的关于汉英(第三人称)反身代词在篇章中的语用原则或机制,(如其名称所示)是一个语用学、语篇分析的机制,它对现行语言学理论的建构具有相当的理论意义,它促使我们进一步认真地重新思考关于语法规则及其与语篇/语用原则的相互作用问题。正如有学者指出,许多解释语言中回指普遍性的句法规则,如 Chomsky (1981, 1982) 提出的约束条件(binding conditions),其实是一般性的、可以违反的倾向性规定,而不是绝对的、毫无例外的制约(见 Huang 2007: 271)。因而,任何涉及回指现象的句法理论必须用语篇、语用原则加以完善（见 Zribi-Hertz 1989：724）。我们的研究再次（至少部分地）深化论证了这样的主张和观点。语法规则不应该是脱离或独立于语言使用的准则，而应该是起源于（起因于）语言运用之中。用 Levinson（1987a，转引自 Huang 2007）的比喻说，语法最好（被）视作"凝固的语用法"（frozen pragmatics），即从"语例意义"（utterance-token-meaning）经过"语型意义"（utterance-type-meaning）再到"句型意义"（sentence-type-meaning）这样一个历时过程中的渐变之结果。当然，这不等于说，我们可以用语用原则否定语法规则；恰恰相反，语用原则或准则从广义上讲属于语法的一部分，是对语法的必要补充和完善。但是，这些规则准则不必定义为是先天的、生物性的人类语言官能的一个组成部分（参见刘礼进 2010：§3.4）。语用和语法的相互联系，大体上可用德国哲学家康德（Kant）的格言加以归纳，"没有句法的语用学是空洞的（empty），而没有语用学的句法是盲目的（blind）"（参见 Huang 2007：271）。从这层意义来看，本书的研究对于语法领域，尤其是对于回指与约束现象的句法研究是有意义的。

另一个重要意义在于，本书提出的语用原则或语用机制，一定程度上可以说是对前人语言学理论的有益补充和发展。具体说来，撇开别的不谈，我们的语用机制，主要是建基于 Zribi-Hertz（1989）的"意识主语"和/或"语篇语法"假说，并在一定程度借鉴、吸取了新格莱斯学派（如 Levinson 1991，2000；Huang 1994，2004a，2007）的语用学理论思想和学术方法。然而，本书的研究理论较之于这些理论观点至少有以下一些不同的特点：

首先，Zribi-Hertz（1989）的语篇语法（discourse grammar）理论所关注的是对英语篇章中长距离反身代词的理解或解读问题。而我们的语用机制（语用原则）旨在处理汉英长距离反身代词的语篇（视点）回指功能，包括回指解读和回指生成两个方面，并因受制于客观实际而以处理汉语篇章回指为重。还有，Zribi-Hertz（1989）的所谓"意识主语"（SC）与"语法主语"平行，或者说是后者的延伸。在该文中，反身代词或回指语所指的先行语实际上都是语法主语，只不过包括与回指语同句的和不同句的主语。因此，它原则上仍属于语法结构概念范畴，存在相当的局限性（比如，本书论及的先行语为宾语和定语位置上的名词短语的情况就超出了其能力范围)。而本书中的"最小语篇主人公"(MDP)假说——虽在一定意义上说是对"意识主语"假说的模仿或借鉴,但不是简单的、机械的"克隆"——有着更大的优势。因为,MDP 更是一个语义功能概念,其含义或所指不囿于某种固定的(表层)语法句位成分,而是涵盖了主语(主题)、定语(修饰语)、宾语等多种句位上名词短语的所指实体[①]。所以,以 MDP 为核心概念的分析法具有更强的解释力和概括力。

其次,新格莱斯学派的语用理论体系似更偏重于语言理论的建设,其基本目的在于以语用理论原则替代或简化 Chomsky 的约束理论。而本项研究力求理论的借鉴、归纳或建构与实证分析并重,意在以语用原则说明语言实际,同时又以对语言实证考察之结果,反过来证实或证伪相关的语言学研究理论。

再者,还有一点跟上述语言学学者的语篇语法和语用学理论不同的是,本书中我们制定的语用原则或语用机制,已经将这两种理论思想和方法加以整合、融会贯通;因此,它不仅可用以处理单层篇章回指关系,也可用以处理或解释双层(多层)篇章回指现象。

本书的研究发现和结果对汉语教学和外语教学,尤其对汉英阅读、写作以及汉—英/英—汉翻译具有一定的实用意义或指导作用。

篇章回指是构建语篇连贯的重要途径。由汉、英语反身代词建立的视点回指和/或长距离回指是篇章回指的特定具体形式,普遍存在于汉、英语特别是汉语篇章中。因此,了解和掌握汉英反身代词在语篇中的(视点)回指式分布、功用特点、回指生成模式等,无疑有助于汉、英语教学和翻译教学与实践。比如说,明确了汉、英语原文本中视点回指/长距离回指的构成方式,可以大大减轻篇章理解负荷,节省阅读时间。掌握了汉英篇章回指(宏观结构)生成模式,就可做到成竹在胸、有的放矢,以更连贯、更有效的方法在写作中进行篇章生产。熟悉了汉语反身代词/指代词与英语反身代词/指代词之间普遍的对译/对应用语规律,在汉—英、英—汉翻译教学与实践中就能做到游刃有余,更准确、经济、高效地将汉语原文本译成英语文

[①] 为简洁起见,在行文中我们多半未——如此表述,而书中凡所述处于各句位上作先行语的名词短语,确切地说(语义上)都是指这种名词性短语所指的实体或对象。

本,反之亦然。此外,熟练掌握汉、英语反身代词/指代词之间的互译特点规律,将对于汉—英、英—汉翻译研究和自然语言处理亦不无助益。

8.3 不足之处和进一步研究方向

篇章回指是一种相当复杂的语言现象,普遍存在于各种语言之中,但在各语言中的表现形式和实现手段却不尽相同、多种多样。本项研究只是有限地利用所检索到的汉、英语书面叙事性小说语料重点探讨由反身代词建立的一种具体、特定的篇章回指形式。这种探索是初步的,其考察结论和结果存在不少局限性。总的来说,本书的局限性和不足之处主要表现在研究语料、研究内容和研究方法三个方面,这些不足之处也为未来进一步研究提供了方向。

第一,本研究中的语料类型较为单一,语料数量有失平衡。本书分析的语料全部来自汉英书面叙事小说,毫无疑问,所获得的研究结论或结果也仅是局限于对这种语料文本的分析。而且,由于汉语反身代词要比英语反身代词在篇章中的出现频数高出很多,本书对这两种语言的语料分析大不平衡(汉英原文语料实例比为722∶93)。还有,由于汉、英语料中反身代词功能特点不同——汉语反身代词可用做各种语法成分,诸如主语、定语、宾语,而英语反身代词因只有宾格系统,只做宾语,而且更多是用做各种介词宾语——所以我们主要统计分析了汉—英、英—汉翻译语料中汉语反身代词的实例。再有,对于汉语简单反身代词和复合反身代词的篇章功能的分析也不平衡。对汉语小说语料中出现的"自己"的回指用法实例,我们基本上做了穷尽性统计和分析。而为节省时间或避免重复劳动,我们对于"Pr-自己"的用法只是随机选取了其中少量例子加以统计、分析。总之,本书分析的语料以及由此得出的结论,其有效性还局限于汉英书面叙事性篇章,并且更多是适用于汉语篇章中反身代词的用法。反身代词和指代词语,在口语或各种其他书面语域(语体)中具有与在叙事篇章中不同的功能特点,其表现可能更为复杂。因此,要检验本书的研究结论和结果的可靠性与有效性,要验证我们提出的视点回指/长距离回指的语用机制的预测力和解释力,起码要对(汉英语)口语语料或其他类书面语料再作进一步的探索。

第二,本书的内容覆盖面比较偏窄。本研究中,我们只着重探讨了汉、英语反身词视点回指/长距离回指,而对其他指代词语鲜有考虑。事实上,可以承担篇章回指功能的指述(指代)词语有好几种,包括代词、零形式(零代词)、反身代词、有定短语(有定描述语),等等,诸如此类。这些词语建构的回指,也都是叙事语篇中常见的、典型的回指现象。显然,这些词语的回指用法要比本书考察的反身代词回指用法更加复杂,需要另行深入研究。除此之外,还存在着一种在语篇中不出现(显性)先行语的回指,即所谓的"间接回指"(indirect anaphora)、"关联回指"(bridging/associative anaphora)(如 Cornish 2007;Schwarz-Friesel 2007;王军 2004;莫爱屏 2004,2005;刘礼进 2001)或"深层回指"(deep anaphora)(秦洪武 2001)。相对于直接回指(有明确的显性先行语的回指),这种间接回指的情形更为复杂,对它的处理往往有赖于更深层次的语用推理和认知分析的方法。由此而论,我们提出的语用机制(语用原则)的解释力或更加有限。因而,如何将本书的研究结果扩大开来,将我们的语用分析机制加以改进,运用到一个可操作的、更全面的、能解决多元性回指的理论模式之中,还有待于进一步的研究。

第三,本书的研究方法略显得单调。由于本书讨论的重点主要放在汉英叙事语篇中反身代词的用法上,由于从语料搜集制作到研究设计、从语料中提出假设并验证再到得出结论来,这整个程序操作起来似不太困难,并且又限于客观条件,因而所采用的分析方法相对比较单调。在本次研究中,我们原则上采用了"对比功能分析法"处理模式(Chesterman 1998,另见许余龙 2005,2010:§11),但对于(其所涉及的)可比标准的确立、语料的确定、假设的提出与验证等一系列操作却不一定十分严谨和准确。用于研究的语言材料的搜集、目标实例的检索标注与分析、语料数据的制作等,都是(笔者)手工完成的。这样做自然有利于理解材料,有利于提出合理假说,有利于得出确切结论,但费时费力,很不经济。我们对语料实例做了较充分的定性描述,并辅之以定量(统计)分析;但是,我们的定量分析不一定全面和系统,只是局限于较简单的百分数(比)的统计分析上。因此,未来的深入研究,可以在数量足够大的电子数据库支持下采用社科统计软件系统进行,以能收到事半功倍的效果。

8.4 结束语

　　本章上面就本书的研究结果及其语言学意义和对汉英语教学、翻译实践的启示作用作了总结,并指出了不足之处及进一步研究的方向。希望能有助于读者更好地理解本书研究的主旨和目标,对有兴趣进行语篇分析尤其是篇章回指研究的读者有一定的帮助与启发。

　　有学者认为,所指表达式控制着可能的篇章回指解读,但却不能由其轻易地确定出唯一的解读,也就是说,同一语言形式可用以指述许多不同事物,而不同语言形式可用以回指同一事物;然即使如此,人们在实际交际中却大多能相互理解,这几乎是"不可思议的"(magical)(Fretheim & Gundel 1996:7)。毫无疑问,如有学者指出,"要更深入全面地理解这一复杂的、'不可思议的'语言现象,还有更多的理论探索、实证分析和应用研究有待于我们去完成(许余龙 2004:361)"。目前(普通)语言学界对于篇章回指或话语所指现象的研究主要是沿着语用功能主义、认知主义或类型学的路子在继续发展。最近在国外出现的创新性研究成果有 Ríos-García(2011)、Cornish(2011)、Breban,Davidse & Ghesquière(2011)等,不一而足。Ríos-García(2011)探究西班牙语交互话语中听话人对回指策略的运用,它认为回指语选择可起到协调交际的标志作用,因而其操作应优先于语法一致性条件和标记性预测(markedness prediction)。Cornish(2011)以英语篇章中的指示词语用法为例,将回指(anaphora)和直指(deixis)结合成一个连续体(一端为"直指"如第一二人称的 I/you,另一端为"回指"如第三人称反身代词 himself 等),着重研究了处于中间状态的、所谓的"回指性直指"(anadeixis)现象——一种包涵部分回指和部分直指的指示过程(如"that + N"等的用法)。他的研究主要是基于认知理论(如语篇实体的心理可及性)进行的。而 Breban, Davidse & Ghesquière(2011)则从类型学角度并在认知功能框架下考察了英语复合限定性词语(如由 the same/another/the fifth 等限定词构成的短语)在语篇中表达的回指和下指关系及其语篇功能。这些最新的语言学探索进一步拓宽了语篇分析和/或篇章回指研究的视野,显示了这一领域的研究仍有广阔的发展前景。由此可见,以汉语为母语的我国语言研究者在这个领域可发挥的余地还很大。

参考文献

Aoun, J. 1985. *A Grammar of Anaphora*. Cambridge, Massachusetts: MIT Press.
Baker, C. L. 1995. Contrast, discourse prominence, and intensification, with special reference to locally free reflexives in British English. *Language* 71, 63–101.
Baltin, M. 2003. The interaction of ellipsis and binding: Implications for the sequencing of Principle A. *Natural Language & Linguistic Theory* 21, 215–246.
Banfield, A. 1979. Où l'épistémologie, le style et la grammaire rencontrent l'histoire lettéraire: le dévelopment de la parole et de la pensée représentées. *Langue Française* 44, 9–26.
Barss, A. 1986. *Chains and Anaphoric Dependence*. Unpublished doctoral dissertation, MIT, Cambridge, Massachusetts.
Battistella, E. 1989. Chinese reflexivization: A movement to INFL approach. *Linguistics* 27, 987–1012.
Battistella, E. & Yonghui Xu. 1990. Remarks on the reflexives in Chinese. *Linguistics* 28, 205–240.
Bouchard, D. 1982. *On the Content of Empty Categories*. Doctoral dissertation, MIT, Cambridge, Massachusetts.
Bouchard, D. 1984. *On the Content of Empty Categories*. Dordrecht: Foris.
Breban, T., K. Davidse & L. Ghesquière. 2011. A typology of anaphoric and cataphoric relations expressed by English complex determiners. *Journal of Pragmatics* 43, 2689–2703.
Cantrall, W. R. 1974. *Viewpoint, Reflexives and the Nature of Noun Phrases*. The Hague: Mouton.
Chesterman, A. 1998. *Contrastive Functional Analysis*. Amsterdam/Philadelphia: John Benjamins Publishing Company.
Chomsky, N. 1981. *Lectures on Government and Binding*. Dordrecht: Foris.
Chomsky, N. 1982. *Some Concepts and Consequences of the Theory of Government and Binding*. Cambridge, Massachusetts: The MIT Press.
Chomsky, N. 1986a. *Knowledge of Language: Its Nature, Origin and Use*. New York: Praeger.

Chomsky, N. 1986b. *Barrier*. Cambridge, Massachusetts: The MIT Press.

Clements, G. N. 1975. The logophoric pronoun in Ewe: Its role in discourse. *Journal of West African Languages* 2, 141 – 177.

Cohen, D. 1999. Towards a unified account of intensive reflexives. *Journal of Pragmatics* 31, 1041 – 1052.

Cornish, F. 2007. Indirect pronominal anaphora in English and French: Marginal rarity, or unmarked norm? Some psycholinguistic evidence. In M. Schwarz-Friesel, M. Chonsten & M. Knees (eds.). *Anaphors in Text*. Amsterdam/Philadelphia: John Benjamins Publishing Company.

Cornish, F. 2011. 'Strict' anadeixis, discourse deixis and text structuring. *Language Sciences* 33, 753 – 767.

Culy, C. 1994. Aspects of logophoric marking. *Linguistics* 32, 1055 – 1094.

Culy, C. 1997. Logophoric pronouns and point of view. *Linguistics* 35, 845 – 859.

Dowty, D. R. 1980. Comments on the paper by Bach and Partee. *Papers from the Parasession on Pronouns and Anaphora*. Chicago Linguistic Society, 29 – 40.

Farmer, A. K. & R. M. Harnish. 1987. Communicative reference with pronouns. In J. Verschueren & M. Bertuccelli-Papi (eds.). *The Pragmatic Perspective*. Amsterdam: John Benjamins Publishing Company, 547 – 564.

Fretheim, T. & J. K. Gundel. 1996. Introduction. In T. Fretheim & J. K. Gundel (eds.). *Reference and Referent Accessibility*. Amsterdam: John Benjamins, 7 – 12.

Grice, H. P. 1957. Meaning. *Philosophical Review* 67, 377 – 388.

Grice, H. P. 1967. Logic and conversation. Unpublished manuscript of the William James Lectures, Harvard University (later published in Grice 1989).

Grice, H. P. 1975. Logic and conversation. In P. Cole & G. Morgan (eds.). *Syntax and Semantics 3: Speech Acts*. London: Academic Press, 41 – 58.

Grice, H. P. 1978. Further notes on Logic and conversation. In P. Cole (ed.). *Syntax and Semantics 9: Pragmatics*. London: Academic Press, 113 – 128.

Grice, H. P. 1989. *Studies in the Way of Words*. Cambridge, MA: Harvard University Press.

Givón, T. 1983. *Topic Continuity in Discourse. A Quantitative Cross-Language Study*. Amsterdam/New York: John Benjamins Publishing Company.

Haegeman, L. 1994. *Introduction to Government and Binding Theory*. Oxford: Blackwell.

Hagège, C. 1974. Les pronoms logophoriques. *Bulletin de la Société de Linguistique de Paris* 69, 287 – 310.

Halliday, M. A. K. 1985. *An Introduction to Functional Grammar*. London: Edward Arnold.

Halliday, M. A. K. & R. Hasan. 1976. *Cohesion in English*. London: Longman.
Halliday, M. A. K. & R. Hasan. 1985. *Text and Context: Aspects of Language in a Social-semiotic Perspective*. Melbourne: Deakin University Production Unit.
Halldiay, M. A. K. & M. I. M. Matthiessen. 2004. *An Introduction to Functional Grammar* (third edition). London: Arnold.
Hellan, L. 1991. Containment and connectedness anaphors. In J. Koster & E. Reuland (eds.). *Long-distance Anaphora*. Cambridge: Cambridge University Press, 27 –48.
Horn, L. R. 1972. *On the Semantic Properties of Logical Operators in English*. PhD Dissertation, University of California at Los Angeles.
Horn, L. R. 1984. Toward a new taxonomy for pragmatic inference: Q-based and R-based implicature. In D. Schiffrin (ed.). *Meaning, Form, and Use in Context: Linguistic Application*. Washington, D. C.: Georgetown University Press, 11 –42.
Horn, L. R. 1989. *A Natural History of Negation*. Chicago: University of Chicago Press.
Huang, C.-T. James. 1982. *Logical Relations in Chinese and the Theory of Grammar*. PhD Dissertation, Massachusetts Institute of Technology.
Huang, C.-T. James & C.-C. J. Tang. 1991. The local nature of the long-distance reflexive in Chinese. In J. Koster & E. Reuland (eds.). *Long-distance Anaphora*. Cambridge: Cambridge University Press, 263 –282.
Huang, Yan. 1987. Zero anaphora in Chinese: Toward a pragmatic analysis. Cambridge College Research Fellowship Competition Dissertation.
Huang, Yan. 1991. A neo-Gricean pragmatic theory of anaphora. *Journal of Linguistics* 27, 301 –335.
Huang, Yan. 1994. *The Syntax and Pragmatics of Anaphora: A Study with Special Reference to Chinese*. Cambridge: Cambridge University Press.
Huang, Yan. 2000. *Anaphora: A Cross-linguistic Approach*. Oxford: Oxford University Press.
Huang, Yan. 2002. Typology of coreferential and neo-Gricean pragmatics: Implications for a newly defined artificial language. *Journal of Universal Language* 3, 31 –56.
Huang, Yan. 2004a. Anaphora and the pragmatics-syntax interface. In L. R. Horn & G. Ward (eds.). *The Handbook of Pragmatics*. Oxford: Blackwell, 288 –314.
Huang, Yan. 2004b. Neo-Gricean pragmatic theory: Looking back on the past; looking ahead to the future. *Journal of Foreign Languages* (*Waiguoyu*) 149, 2 –25.
Huang, Yan. 2007. *Pragmatics*. Oxford/New York: Oxford University Press.
Huang, Yan. 2008. Anaphora, generative grammar and neo-Gricean pragmatics (lecture). Guangdong University of Foreign Studies, Guangzhou.
Huddleston, R. 1984. *Introduction to English Grammar*. Cambridge: Cambridge University

Press.

Jackendoff, R. 1987. The status of thematic relations in linguistic theory. *Linguistic Inquiry* 18, 369 –411.

Kamp, J. A. W. 1981. A theory of truth and semantic representation. In J. Groenendijk, T. Janssen & M. Stokhof (eds.). *Formal Methods in the Study of Language* (Part 1). Mathematical Centre Tracts, Amsterdam, 277 –321. Also in J. Groenendijk, T. Janssen & M. Stokhof (eds.). *Truth, Interpretation and Information*. Dordrecht: Foris, 1 –41, 1984.

Keenan, E. L. 1988. Complex anaphors and bind α. In L. Macleod, G. Larson & D. Brentari (eds.). *Papers from the 24th Regional Meeting of the Chicago Linguistic Society*. Chicago Linguistic Society, University of Chicago.

Kempson, R. 1984. Pragmatics, anaphora and logical form. In D. Schiffrin (ed.). *Meaning, Form, and Use in Context: Linguistic Applications*. Washington, D. C.: Georgetown University Press, 1 –10.

Kempson, R. 1988a. Grammar and conversational principles. In F. J. Newmeyer (ed.). *Linguistics: The Cambridge Survey* (4 vols.). Cambridge: Cambridge University Press.

Kempson, R. 1988a. Logical form: The grammar cognition interface. *Journal of Linguistics* 24, 393 –431.

König, E. 1991. *The Meaning of Focus Particles: A Comparative Perspective*. London: Routledge.

Koster, J. & E. Reuland (eds.). 1991. *Long-distance Anaphora*. Cambridge: Cambridge University Press.

Kuno, S. 1987. *Functional Syntax: Anaphora, Discourse and Empathy*. Chicago: Chicago University Press.

Kuno, S. & E. Kaburaki. 1977. Empathy and syntax. *Linguistic Inquiry* 8, 627 –672.

Lebeaux, D. 1983. A distributional difference between reflexives and reciprocals. *Linguistic Inquiry* 15, 2.

Levinson, S. C. 1987a. Minimalization and conversational inference. In J. Verschueren & M. Bertuccelli-Papi (eds.). *The Pragmatic Perspective*. Amsterdam: John Benjamins Publishing Company, 61 –129.

Levinson, S. C. 1987b. Pragmatics and the grammar of anaphora: A partial pragmatic reduction of binding and control phenomena. *Journal of Linguistics* 23, 379 –434.

Levinson, S. C. 1991. Pragmatic reduction of the binding conditions revisited. *Journal of Linguistics* 27, 107 –161.

Levinson, S. C. 2000. *Presumptive Meanings: The Theory of Generalized Conversational Implicature*. Cambridge, Massachusetts: MIT Press.

Mitkov, R. 2002. *Anaphora Resolution*. London: Pearson Education Ltd.

Mitkov, R. (ed.). 2003. *The Oxford Handbook of Computational Linguistics*. Oxford: Oxford University Press.

Pan, Haihua. 1995. *Locality, Self-ascription, Discourse Prominence, and Mandarin Reflexives*. PhD dissertation, the University of Texas at Austin.

Pan, Haihua. 1997. *Constraints on Reflexivization in Mandarin Chinese*. New York: Garland Publishing, Inc.

Pan, Haihua. 1998. Closeness, prominence, and binding theory. *Natural Language and Linguistic Theory* 16, 771–815.

Parker, F., K. Riley & C. F. Meyer. 1990. Untriggered reflexive pronouns in English. *American Speech* 65, 1, 50–69.

Pollard, C. & I. A. Sag. 1992. Anaphors in English and the scope of Binding Theory. *Linguistic Inquiry* 2, 261–303.

Reinhart, T. 1983. Coreference and bound anaphora: A restatement of the anaphora question. *Linguistics & Philosophy* 6, 47–88.

Reinhart, T. 1986. Center and periphery in the grammar of anaphora. In B. Lust (ed.). *Studies in the Acquisition of Anaphora* (vol. 1). Dordrecht: Reidel, 123–150.

Reinhart, T. & E. Reuland. 1991. Anaphors and logophors: An argument structure perspective. In J. Koster & E. Reuland (eds.). *Long-distance Anaphora*. Cambridge: Cambridge University Press, 283–321.

Reinhart, T. & E. Reuland. 1993. Reflexivity. *Linguistic Inquiry* 24, 4, 657–720.

Reuland, E. 2009. Binding theory. Downloaded from the Internet (Oct. 7, 2009).

Reuland, E. & J. Koster. 1991. Long-distance anaphora: An overview. In J. Koster & E. Reuland (eds.). *Long-distance Anaphora*. Cambridge: Cambridge University Press, 1–26.

Ríos-García, G. 2011. Discourse anaphora in Peninsular Spanish interactions: Signaling alignment through anaphor selection. *Journal of Pragmatics* 43, 183–197.

Sells, P. 1987. Aspects of logophoricity. *Linguistic Inquiry* 18, 445–479.

Schwarz-Friesel, M. 2007. Indirect anaphora in text: A cognitive account. In M. Schwarz-Friesel, M. Chonsten & M. Knees (eds.). *Anaphors in Text*. Amsterdam/Philadelphia: John Benjamins Publishing Company.

Stern, N. 2004. The semantic unity of reflexive, emphatic and other *-self* pronouns. *American Speech* 79, 270–280.

Stirling, L. 1993/2005. *Switch-reference and Discourse Representation*. Cambridge: Cambridge University Press. (本书引用本：数码版本第一版, 2005)

Tang, C.-C. J. 1989. Chinese reflexives. *Natural Language and Linguistic Theory* 7, 93–

121.

Thráinsson, H. 1991. Long-distance reflexives and typology of NPs. In J. Koster & E. Reuland (eds.). *Long-distance Anaphora*. Cambridge: Cambridge University Press, 49–76.

van Hoek, K. 1995. Conceptual reference points: A cognitive grammar account of pronominal anaphora constraints. *Language* 71, 310–340.

Van Valin, R. D., Jr. 1990. Review article: Functionalism, Anaphora and Syntax. *Studies in Language* 14, 1, 169–219.

Xu, Liejiong. 1993. The long-distance binding of *ziji*. *Journal of Chinese Linguistics* 21, 123–141.

Xu, Liejiong. 1994. The antecedent of *ziji*. *Journal of Chinese Linguistics* 22, 115–137.

Zribi-Hertz, A. 1989. Anaphor binding and narrative point of view: English reflexive pronouns in sentence and discourse. *Language* 65, 695–727.

何自然,1988,《语用学概论》,长沙:湖南教育出版社。

胡建华、潘海华,2002,NP显著性的计算与汉语反身代词"自己"的指称,《当代语言学》第1期,46—60页。

姜望琪,2001,也谈新格莱斯照应理论,《外语教学与研究》第1期,29—37页。

刘礼进,1997,英汉人称代词回指和预指比较研究,《外国语》第6期,40—44页。

刘礼进,2001,英语话语中的间接照应,《四川外语学院学报》第2期,70—73页。

刘礼进,2003,英汉第三人称代词后照应的几个问题,《外国语言文学》第1期,20—24页。

刘礼进,2007a,汉语句内代词所指解读的语用学视角,《现代外语》第2期,135—143页。

刘礼进,2007b,汉语反身代词长距离照应研究中的几个问题,《汉语学习》第1期,25—31页。

刘礼进,2008a,现代汉语反身代词"自己"的照应功能,《外国语》第1期,36—44页。

刘礼进,2008b,英汉语强势反身代词用法的认知功能观,《外语教学与研究》第1期,29—36页。

刘礼进,2010,关于语言的本质——三种语言哲学观点述评,《外国语言文学》第1期,8—14页。

刘礼进,2011a,汉英篇章回指手段对比考察——专就翻译语料中汉语LDR及其英语对应用语而论,《外国语》第2期,23—31页。

刘礼进,2011b,汉英篇章视点回指式对比考察,《现代外语》第3期,237—244页。

莫爱屏,2004,汉语话语中推理照应的实证研究,《现代外语》第3期,230—238页。

莫爱屏,2005,《汉语话语中推理照应的语用研究》,长沙:湖南人民出版社。

秦洪武,2001,第三人称代词在深层回指中的应用分析,《当代语言学》第1期,55—64页。

沈家煊,2001,语言的"主观性"和"主观化",《外语教学与研究》第 4 期,268—275 页。
束定芳、刘正光、徐盛桓,2009,引进与借鉴:我国国外语言学研究六十年,《外语教学与研究》第 6 期,431—437 页。
王 军,2004,论关联度在间接回指释义中的主导作用,《现代外语》第 3 期,239—247 页。
徐烈炯,1997,语言学理论与语言事实,《现代外语》第 3 期,27—32 页。
许余龙,2000,也谈语言学理论与语言事实,《外国语》第 3 期,2—9 页。
许余龙,2002,《对比语言学》,上海:上海外语教育出版社。
许余龙,2004,《篇章回指的功能语用探索———项基于汉语民间故事和报刊语料的研究》,上海:上海外语教育出版社。
许余龙,2005,对比功能分析的研究方法及其应用,《外语与外语教学》第 11 期,12—15 页。
许余龙,2010,《对比语言学》(第 2 版),上海:上海外语教育出版社。

附录 I

汉英语料来源书目

1. **汉语小说**
（1）钱锺书（著），《围城》，北京：人民文学出版社，1980年（第一版）。（个人藏书并从互联网获得电子文本）
（2）老舍（著），《骆驼祥子》（英汉对照），北京：外文出版社，2006年（第一版）。（购于网店并从互联网获得电子文本）
（3）老舍（著），《二马》（英汉对照），北京：外文出版社，2004年（第一版）。（购于网店并从互联网获得电子文本）
（4）茅盾（著），《林家铺子》/《春蚕》（英汉对照），北京：外文出版社，2006年（第一版）。（购于网店并从互联网获得电子文本）
（5）老舍等（著）/余冰清（责编），《中国现代名家短篇小说选》（英汉对照），北京：外文出版社，2006年（第一版）。具体篇目：老舍，《月牙儿》；郁达夫，《春风沉醉的晚上》；叶圣陶，《潘先生在难中》；柔石，《为奴隶的母亲》；沈从文，《丈夫》；赵树理，《小二黑结婚》；孙犁，《荷花淀》。（购于网店并从互联网获得电子文本）
（6）鲁迅（著）/刘春英、余冰清（责编），《鲁迅小说选》（英汉对照），北京：外文出版社，2008年（第一版）。具体篇目：《狂人日记》、《孔乙己》、《药》、《风波》、《故乡》、《社戏》、《在酒楼上》、《幸福的家庭》、《孤独者》、《铸剑》。（购于网店并从互联网获得电子文本）

2. **上述汉语小说的英译本**
（1）Jeamme Kelly & Nathan K. Mao（transl.）. *Fortress Besieged*. Beijing：Foreign Language Teaching and Research Press, 2003. （购于网店，约 1/3 内容经 Google 搜索获得电子文本）
（2）Shi Xiaojing（transl.）. *Camel Xiangzi*（English-Chinese version）. Beijing：Foreign Languages Press, 2006. （购于网店）
（3）Julie Jimmerson（transl.）. *Mr. Ma & Son, a Sojourn in London*（English-Chinese version）. Beijing：Foreign Languages Press, 2004. （购于网店）
（4）Sidney Shapiro（transl.）. *Lin Family / Spring Silkworms*（English-Chinese version）.

Beijing: Foreign Languages Press, 2006. (购于网店)
(5) Sidney Shapiro & others (transl.). *Masterpieces by Modern Chinese Fiction Writers* (English-Chinese version). Beijing: Foreign Languages Press, 2006. (购于网店)
(6) Yang Xianyi & Gladys Yang (杨宪益和戴乃迭) (transl.). *Selected Stories of Luxun* (English-Chinese version). Beijing: Foreign Languages Press, 2008. (购于网店)

3. 英语小说

(1) Jane Austin. *Pride and Prejudice*. (The Project of Gutenberg E-Book, www.gutenberg.org/catalog/www.gutenberg.org/browse/scores/top)
(2) Margaret Mitchell. *Gone with the Wind*. New York: Macmillan Publishing Company, 1964. (The Project of Gutenberg E-Book, www.gutenberg.org/catalog/www.gutenberg.org/browse/scores/top)
(3) Charles Dickens. *Oliver Twist. Or: The Parish Boy's Progress*. (The Project of Gutenberg E-Book, www.gutenberg.org/catalog/www.gutenberg.org/browse/scores/top)
(4) Emily Brontë. *Wuthering Heights*. (The Project of Gutenberg E-Book, www.gutenberg.org/catalog/www.gutenberg.org/browse/scores/top)

4. 上述英语小说的汉译本

(1) [英]简·奥斯汀(著),王科一(译),《傲慢与偏见》,上海:上海译文出版社,1980(电子版来自www.qisuu.com)。
(2) [美]玛格丽特·米切尔(著),陈良廷等(译),《乱世佳人》(又名《飘》),上海:上海译文出版社,1990(电子版来自http://read.txdzs.com/5/5476/index.html)。
(3) [英]查尔斯·狄更斯(著),荣如德(1984年译),《雾都孤儿》,上海:上海译文出版社,1991(电子版来自http://read.txdzs.com/1/1191/index)。
(4) [英]艾米莉·勃朗特(著),宋兆霖(1980年译),《呼啸山庄》,上海:上海文艺出版社,1997(电子版来自http://read.txdzs.com/1/1104/index.html)。

附录 II

汉英小说语料样本范例

（I）汉英原文小说语料举例

A. 汉语原文小说语料举例

1) <u>他们</u>(四十以上,二十以下的车夫)的车破,又不敢"拉晚儿",所以只能早早的出车,希望能从清晨转到午后三四点钟,拉出"车份儿"和<u>自己</u>的嚼谷。

2) 可是这点光荣丝毫不能减少将来的黑暗,他们自己也因此在擦着汗的时节常常微叹。不过,以他们比较另一些四十上下岁的车夫,<u>他们</u>还似乎没有苦到了家。这一些是以前决没想到<u>自己</u>能与洋车发生关系……

3) <u>祥子</u>,在与"骆驼"这个外号发生关系以前,是个比较有自由的洋车夫,这就是说,<u>他</u>是属于年轻力壮,而且<u>自己</u>有车的那一类。// <u>自己</u>的车,<u>自己</u>的生活,都在<u>自己</u>手里,高等车夫。

4) <u>他</u>老想着远远的一辆车,可以使<u>他</u>自由,独立,像<u>自己</u>的手脚的那么一辆车。

5) 有了<u>自己</u>的车,<u>他</u>可以不再受拴车的人们的气,也无须敷衍别人;有<u>自己</u>的力气与洋车,睁开眼就可以有饭吃。

6) 看着<u>自己</u>的青年的肌肉,<u>他</u>以为这只是时间的问题,……

7) 看着那高等的车夫,<u>他</u>计划着怎样杀进他的腰去,好更显出他的铁扇面似的胸,与直硬的背;扭头看看<u>自己</u>的肩,多么宽,多么威严!

8) <u>他</u>不甚注意他的模样,<u>他</u>爱<u>自己</u>的脸正如同<u>他</u>爱<u>自己</u>的身体,都那么结实硬棒;

9) <u>他</u>有<u>自己</u>的打算,有些心眼,但不好向别人讲论。

10) 假若走不通的话,<u>他</u>能一两天不出一声,咬着牙,好似咬着<u>自己</u>的心!

11) 这使<u>他</u>非常的痛快,因为别的没有什么可怕的了:地名<u>他</u>很熟习,即使有时候绕点远也没大关系,好在<u>自己</u>有的是力气。

12) <u>他们</u>(五十岁以上的老者们)仗着"作派"去维持<u>自己</u>的尊严。

13) 拉起车来,<u>他</u>不能专心一志的跑,好像老想着些什么,越想便越害怕,越气不平。假若老这么下去,几时才能买上车呢?为什么这样呢?难道<u>自己</u>还算个不要强的?

14) <u>他</u>以为<u>自己</u>是铁作的,可是敢情他也会病。

15) 病了,<u>他</u>舍不得钱去买药,<u>自己</u>硬挺着;结果,病越来越重,不但得买药,而且……

16) 祥子的手哆嗦得更厉害了,揣起保单,拉起车,几乎要哭出来。拉到个僻静地方,细细端详自己的车,在漆板上试着照照自己的脸!越看越可爱,就是那不尽合自己的理想的地方也都可以原谅了,因为已经是自己的车了。

17) 苏小姐跟鲍小姐同舱,睡的是下铺,比鲍小姐方便得多,不必每天爬上爬下。可是这几天她嫌恶着鲍小姐,觉得她什么都妨害了自己:打鼾太响,闹得自己睡不熟,翻身太重,上铺像要塌上来。

18) 孙太太也想下去问问男人今天输了多少钱,但怕男人输急了,一问反在自己身上出气,回房舱又有半天吵嘴;因此不敢冒昧起身,只问小孩子要不要下去撒尿。

19) 就是发财做官的人,也欠大方,这县有个姓周的在上海开铁铺子财,又跟同业的同乡组织一家小银行,名叫"点金银行",自己荣任经理,他记起衣锦还乡那句成语,有一年乘清明节回县去祭祠扫墓,结识本地人士。

20) 鸿渐看了有犯人蒙赦的快活,但对那短命的女孩子,也稍微怜悯。自己既享自由之乐,愿意旁人减去悲哀,于是向未过门丈人处真去了一封慰唁的长信。

21) 方老先生大不谓然,可是儿子大了,不敢再把父亲的尊严去威胁他;便信上说,自己深知道头衔无用,决不勉强儿子,但周经理出钱不少,终得对他有个交代。

22) 方鸿渐受到两面夹攻,才知道留学文凭的重要。这一张文凭,仿佛有亚当、夏娃下身那片树叶的功用,可以遮羞包丑;小小一方纸能把一个人的空疏、寡陋、愚笨都掩盖起来。自己没有文凭,好像精神上赤条条的,没有包裹。可是现在要弄个学位。无论自己去读或雇枪手代做论文,时间经济都不够。

23) 他在信箱里拿到鸿渐来信,以为邮差寄错了,但地址明明是自己的,好奇拆开一看,莫名其妙,想了半天,快活得跳起来,……

24) 方鸿渐盘算一下,想爱尔兰人无疑在捣鬼,自己买张假文凭回去哄人,岂非也成了骗子?……父亲和丈人希望自己是个博士,做儿子女婿的人好意思教他们失望么?买张文凭去哄他们,好比前清时代花钱捐个官,或英国殖民地商人向帝国府库报效几万镑换个爵士头衔,光耀门楣,也是孝子贤婿应有的承欢养志。反正自己将来找事时,履历上决不开这个学位。索性把价钱杀得极低,假如爱尔兰人不肯,这事就算吹了,自己也免做骗子,……

25) 马威只接过两个铜子,自己掏出四个来,往伊牧师指着的那个小窗户洞儿去买票。

26) 收拾完了,她(温都太太)插着手儿四围看了看,觉得书房里的粉色窗帘,和墙上的蓝花儿纸不大配合,又跑到楼下,把自己屋里的那幅浅蓝地,细白花的,摘下来换上。

27) 他(方鸿渐)立起来转身,看见背后站着侍候的阿刘,对自己心照不宣似的眨眼。

28) 他(方鸿渐)全无志气,跟上甲板,看她们有说有笑,不容许自己插口,把话压扁了都挤不进去;自觉没趣丢脸,像赶在洋车后面的叫化子,跑了好些路,没讨到一个小钱,……

29) 他(鸿渐)也看过爱情指南那一类的书,知道有什么肉的相爱、心的相爱种种分别。

鲍小姐谈不上心和灵魂。她不是变心,因为她没有心;只能算日子久了,肉会变味。反正<u>自己</u>并没吃亏,也许还占了便宜,没得什么可怨。

30) <u>阿刘</u>哑声告诉,姓孙的那几个人打牌,声音太闹,给法国管事查到了,大吵其架,<u>自己</u>的饭碗也砸破了,等会就得卷铺盖下船。

B. 英语原文小说语料举例

1) ... and their indifference towards Jane, when not immediately before them, restored **Elizabeth** to the enjoyment of all her original dislike. His anxiety for Jane was evident, and his attentions to **herself** most pleasing, and they prevented her feeling herself so much an intruder as she believed she was considered by the others.

2) She attracted him more than **he** liked — and Miss Bingley was uncivil to *her*, and more teasing than usual to **himself**.

3) Mr. Collins was to attend them, at the request of **Mr. Bennet**, **who** was most anxious to get rid of him, and have his library to **himself**;

4) Vain indeed must be all her attentions, vain and useless her affection for **his** sister and her praise of **himself**, if he were already self-destined to another.

5) **Elizabeth** related to Jane the next day, what had passed between Mr. Wickham and **herself**.

6) The idea soon reached to conviction, as **she** observed his increasing civilities toward **herself**, and heard his frequent attempt at a compliment on her wit and vivacity; and though more astonished than gratified herself by this effect of her charms, it was not long before her mother gave her to understand that the probability of their marriage was exceedingly agreeable to **her**.

7) In the first place, **he** must make such an agreement for tithes as may be beneficial to **himself** and not offensive to his patron.

8) She owed her greatest relief to her friend **Miss Lucas**, **who** often joined them, and good-naturedly engaged Mr. Collins's conversation to **herself**.

9) **Mrs. Hurst** and **her sister** scarcely opened **their** mouths except to complain of fatigue, and were evidently impatient to have the house to **themselves**.

10) The next day opened a new scene at Longbourn. **Mr. Collins** made his declaration in form .... and having no feelings of diffidence to make it distressing to **himself** even at the moment, he set about it in a very orderly manner, with all the observances which he supposed a regular part of the business.

11) Mr. Collins was not left long to the silent contemplation of his successful love; for **Mrs. Bennet**, having dawdled about in the vestibule to watch for the end of the conference, no sooner saw Elizabeth open the door and with quick step pass her

towards the staircase, than she entered the breakfast room, and congratulated both him and **herself** in warm terms on the happy prospect of their nearer connection.

12) Elizabeth passed quietly out of the room, Jane and Kitty followed, but Lydia stood her ground, determined to hear all she could; and **Charlotte**, detained first by the civility of Mr. Collins, whose inquiries after **herself** and all her family were very minute,…

13) His accompanying them was a double advantage; **she** felt all the compliment it offered to **herself**,…

14) This was very amiable, but Charlotte's kindness extended farther than **Elizabeth** had any conception of; — its object was nothing less than to secure her from any return of Mr. Collins's addresses, by engaging them towards **herself**.

15) She rated his abilities much higher than any of the others; there was a solidity in his reflections which often struck her, and though by no means so clever as **herself**, **she** thought that if encouraged to read and improve himself by such an example as hers, he might become a very agreeable companion.

16) As for **Jane**, her anxiety under this suspense was, of course, more painful than Elizabeth's; but whatever she felt **she** was desirous of concealing, and between **herself** and Elizabeth, therefore, the subject was never alluded to.

17) Mrs. Gardiner about this time reminded Elizabeth of her promise concerning that gentleman, and required information; and **Elizabeth** had such to send as might rather give contentment to her aunt than to **herself**.

18) **Sir William Lucas** and his daughter Maria, a good humoured girl, but as empty-headed as **himself**, had nothing to say that could be worth hearing, and were listened to with about as much delight as the rattle of the chaise.

19) **Mrs. Gardiner** gave her the particulars also of Miss Bingley's visit in Gracechurch-street, and repeated conversations occurring at different times between Jane and **herself**, which proved that the former had, from her heart, given up the acquaintance.

20) The power of displaying the grandeur of **his** patroness to **his** wondering visitors, and of letting them see her civility towards **himself** and his wife, was exactly what he had wished for; and that an opportunity of doing it should be given so soon was such an instance of Lady Catherine's condescension as he knew not how to admire enough.

21) A great deal more passed at the other table, **Lady Catherine** was generally speaking stating the mistakes of the three others, or relating some anecdote of **herself**.

22) Her favourite walk, and where **she** frequently went while the others were calling on Lady Catherine, was along the open grove which edged that side of the park, where there was a nice sheltered path, which no one seemed to value but **herself**, and where she felt beyond the reach of Lady Catherine's curiosity.

23) **Elizabeth** laughed heartily at this picture of **herself**, and said to Colonel Fitzwilliam,...

24) **She** perfectly remembered everything that had passed in conversation between Wickham and **herself** in their first evening at Mr. Philips's. Many of his expressions were still fresh in her memory.

25) **She** remembered also, that till the Netherfield family had quitted the country, he had told **his** story to no one but **herself**;

26) His attentions to **Miss King** were now the consequence of views solely and hatefully mercenary; and the mediocrity of **her** fortune proved no longer the moderation of his wishes, but his eagerness to grasp at anything. His behavior to **herself** could now have had no tolerable motive;

27) From **herself** to Jane — from Jane to Bingley, **her** thoughts were in a line which soon brought to her recollection that Mr. Darcy's explanation **there** had appeared very insufficient;

28) When **she** came to that part of the letter in which her family were mentioned, in terms of such mortifying yet merited reproach, her sense of shame was severe. The justice of the charge struck **her** too forcibly for denial, and the circumstances to which he particularly alluded, as having passed at the Netherfield ball, and as confirming all his first disapprobation, could not have made a stronger impression on his mind than on **hers**. The compliment to **herself** and her sister was not unfelt.

29) **He** might well skulk behind the settle, on beholding such a bright, graceful damsel enter the house, instead of a rough-headed counterpart of **himself**, as he expected.

30) **Miss Cathy** shrieked and stretched out her arms as soon as she caught her father's face looking from the window. He descended, nearly as eager as **herself**;

(II) 汉译英对比语料举例

1) 方鸿渐到房睡觉的时候,发现淑英的照相不在桌子上了,想是丈母怕自己对物思人,伤心失眠,特来拿走的。

When Fang returned to his room, he discovered Shu-ying's picture was missing from the table. **He** thought probably his mother-in-law, afraid that **he**'d be reminded of Shu-ying by the picture and become too grief-stricken, had come especially to remove it.

2) 鸿渐莫名其妙,正要问他缘故,只听得照相机咯嗒声,蓝眼镜放松手,原来迎面还有一个人把快镜对着自己。

Bewildered, **Hung-chien** was just about to ask him what for, when he heard the click of a camera, and the man in blue glasses let go of his arm. There facing Hung-chien was another man pointing a camera at **him**.

3) 鸿渐虽然嫌那两位记者口口声声叫"方博士",刺耳得很但看人家这样郑重地当**自己**是一尊人物,身心庞然膨胀,人格伟大了好**些**。

Though **Hung-chien** hated the way the reporters kept calling him "Dr. Fang," which grated on his ears, seeing people so respectfully regard **him** as a man of importance made him swell up in mind and body and feel truly great.

4) 鸿渐忽然觉得,在这种家庭空气里,战争是不可相信的事,好比光天化日之下没人想到有鬼。……看他们(父母)这样稳定地支配着未来,**自己**也胆壮起来,想上海的局势也许会和缓,……

Hung-chien suddenly felt that in this family atmosphere the war was something unbelievable, just as no one can think of ghosts in broad daylight. ... Seeing them thus so firmly in control of the future, **he** too took heart and thought that maybe the situation in Shanghai would be eased, ...

5) 鸿渐看到他们带来的报上,有方博士回乡的新闻,嵌着昨天照的全身像,可怕得自惭形秽。蓝眼镜拉**自己**右臂的那只手也清清楚楚地照进去了,加上**自己**侧脸惊愕的神情,宛如小偷给人捉住的摄影。

When **he** saw the newspaper they had brought along with the item, "Dr. Fang Returns Home," and ... Blue Glasses' hand gripping **his** right shoulder showed clearly in the picture, added to which, the side view of **his own** startled expression made it look exactly like a photograph of someone catching a thief.

6) **方鸿渐**由吕校长陪了上讲台,只觉得许多眼睛注视得浑身又麻又痒,脚走路都不方便。……全礼堂的人都在交头接耳,好奇地赏着**自己**。

Accompanied to the stage by Principal Lü, **Fang Hung-chien** felt his whole body tingle and itch from having so many eyes focused on him, and walking became difficult. ... Everyone in the auditorium was whispering back and forth, appraising **him** with great curiosity.

7) 这话传进**方老**先生耳朵,**他**不知道这就是**自己**教儿子翻线装书的结果,……

When this came to Mr. Fang's ears, **he** did not realize it was the result of **his** having instructed his son to look through the string-bound texts. ...

8) 鸿渐有点儿战前读书人的标劲,记得那姓张的在美国人洋会里做买办,不愿跟这种俗物往来,但转念一想,**自己**从出洋到现在,还不是用的市侩的钱?反正去一次无妨,结婚与否,全看**自己**中意不中意那女孩子,旁人勉强不来,答应去吃晚饭。

Hung-chien, who held to some of the principles typical of the prewar scholar class, remembering that this Mr. Chang was a comprador in an American firm, wanted nothing to do with such a vulgarian. But then he reflected, hadn't **he himself**, from the

187

time he went abroad until now, been using a philistine's money? At any rate one visit could do no harm. Whether **he** decided to get married or not depended entirely on whether or not he took a liking to the girl. No one could force him. So he agreed to go for dinner.

9) 夫妇俩(张生张太)磋商几次,觉得宝贝女儿嫁到人家去,总不放心,不如招一个女婿到自己家里来。

After a few deliberations, **the husband and wife** decided that they could never rest easy about marrying their precious daughter into another family. It would be far better to adopt a son-in-law into **their own**.

10) 张太太信佛,自说天天念十遍"白衣观世音咒",求菩萨保佑中国军队打胜;又说这观音咒灵验得很,上海打仗最紧急时,张先生到外滩行里去办公,自己在家里念,果然张先生从没遭到流弹。

Mrs. Chang was a Buddhist and said that she recited the "Goddess of Mercy Chant" ten times a day to beg the Bodhissattva to protect China's army in its fight for victory. This chant, she said, was very efficacious. When the fighting in Shanghai was at its worst, Mr. Chang had gone to the export company to work while **she** stayed at home reciting incantations and, sure enough, Mr. Chang had come through without being hit by any stray bullets.

11) 方鸿渐赌术极幼稚,身边带钱又不多,不愿参加,宁可陪张小姐闲谈。经不起张太太再三怂恿,只好入局。没料到四圈之后,自己独赢一百余元,……

Fang Hung-chien was quite an amateur at gambling, and since he had little money with him, didn't care to join in. He would have preferred to chat with Miss Chang, but unable to withstand Mrs. Chang's repeated prodding, he finally agreed to play. Contrary to his expectations, by the end of the fourth round, **he** alone had won over a hundred dollars.

12) 鸿渐忍不住抽出一翻,只见一节道:……看到这里,这笑容从书上移到鸿渐脸上了。再看书面作者是个女人,不知出嫁没有,该写明"某某夫人",这书便见得切身阅历之谈,想着笑容更廓大了。抬头忽见张小姐注意自己,忙把书放好,收敛笑容。

Hung-chien could not resist taking it out and skimming through it. He came across a paragraph which read: ... As he read this, the smile transferred itself from the book to **his own** face. When he looked again at the cover, he noticed the author was a woman and wondered if she were married. She should have written "Mrs. So-and-So," then the book would have obviously been the voice of experience. At this thought his smile broadened. Raising his head, he suddenly noticed Miss Chang's gaze on **him** and hastily replaced the book and wiped the smile from his face.

13) 这几天来,方鸿渐白天昏昏想睡,晚上倒又清醒。……他自觉这种惺松迷忽的心绪,完全像填词里所写幽闺伤春的情境。现在女人都不屑伤春了,<u>自己</u>枉为男人,还脱不了此等刻板情感,岂不可笑!……但是苏小姐呢?她就难说了;她像是多愁善感的古美人模型。船上一别,不知她近来怎样。<u>自己</u>答应过去看她,何妨去一次呢?

For the last few days, **Fang Hung-chien** had been drowsy during the day but wide awake at night. … **He** felt this indecisive and confused state of mind was exactly like the mood evoked in the spring time poetry describing the longings of maidens secluded in their chambers. //Since women themselves no longer bothered with such springtime sentiments and <u>he</u>, a man, was still afflicted with such thoughts, he felt ridiculous. … but Miss Su? It would be hard to tell, for she seemed to be the model of the traditional beauty of sentiments. He had promised to visit her, and why shouldn't **he** visit her once?

14) **方鸿渐**到了苏家,**理想**苏小姐会急忙跑进客堂,带笑带嚷,骂<u>自己</u>怎不早去看她。
When **Fang Hung-chien** arrived at the Su's residence, *he* imagined Miss Su dashing into the living room, full of laughter and noise, and chiding **him** for not having come sooner.

15) **方鸿渐**羞愧得无地自容,记起《沪报》那节新闻,忙说,这一定是从《沪报》看来的。便痛骂《沪报》一顿,把干丈人和假博士的来由用春秋笔法叙述一下,买假文凭是<u>自己</u>的滑稽玩世,认干亲戚是<u>自己</u>的和同随俗。
Fang Hung-chien felt so ashamed that he wished he could hide somewhere. Remembering the news item in the Shanghai paper, he **said** quickly that she must have obtained that information from a newspaper. Roundly cursing the paper, *he* briefly recounted, in the manner of the Spring and Autumn Chronicles, the full story behind his having an adoptive father-in-law and a fake doctorate. By purchasing a fake degree **he** was thumbing **his** nose at the world, he said; by accepting an adoptive relative, **he** was conforming to tradition, he argued.
〔这样谈着,**苏小姐**告诉他,她父亲已随政府入蜀,她哥哥也到香港做事,上海家里只剩她母亲、嫂子和她,<u>她自己</u>也想到内地去。〕
〔In their conversation, **she** revealed that her father had already gone to Szechwan with the government, that her brother had gone to work in Hong Kong, that her mother, her sister-in-law, and **she herself** were the only ones at home in Shanghai, and that she was thinking of going to the interior.〕

16) 收拾完了,**她**(**温都太太**)插着手儿四围看了看,觉得书房里的粉色窗帘,和墙上的蓝花儿纸不大配合,又跑到楼下,把<u>自己</u>屋里的那幅浅蓝地、细白花的,摘下来换上。
The three rooms finally tidied up, **she** clasped her hands together and observed the

overall appearance;.... So she ran downstairs to take the light blue and while curtains from **her** room and changed them.

[温都太太用小手指头指着两个大椅请伊牧师和马老先生坐下,然后叫马威坐在小茶几旁边的椅子上,**她自己**坐在钢琴前面的小凳儿上。]

[With a wave of her hand, **Mrs. Wendell** had the Reverend and Mr. Ma sit down, and then pointed for Ma Wei to sit in a seat next to the tea-table. **She** placed **herself** on the small piano bench.]

17) 马老先生虽然在海上已经睡了四十天的觉,还是非常的疲倦。……夜里醒了好几次,睁开眼,屋子里漆黑,迷迷糊糊的忘了**自己**到底是在那儿呢。
Although **the elder Ma** had slept for 40 days on the boat from Shanghai, he was nevertheless still exhausted. ... During the night he awoke several times, peering into the thick blackness of the room. He felt foggy as to where **he** actually was.

18) **马威**翻过来掉过去的想,问题很多,可是结论只有一个:"等着吧,瞧!"摸了摸**自己**的脸蛋儿,……一会儿照照镜子看**自己**的白牙,一会儿手插在裤兜里来回走……
Ma Wei turned these things over in his mind, there were so many problems, but the only solution was to wait and see. Rubbing **his** face,... He looked at **his** white teeth in the mirror for a while, then stuck his hands in his pockets and paced around.

[**马威**跑下来告诉伊牧师:他父亲还没歇过来,不打算出去,于是**他自己**和伊牧师走下去了。]

[Running back downstairs **Ma Wei** told the minister that **his** father was still not rested up and didn't want to go out. Thereupon **he** and the Reverend left together.]

19) **马先生**点头咂嘴的说,说着顺手把戒指撂在**自己**的衣兜里啦。
Mr. Ma nodded, mumbled something to himself and casually put the ring into **his** pocket.

[**玛力姑娘**的经济和伦理的关系是由报纸上看来的,**她**的讨厌中国人也全是由报纸上、电影上看来的,其实**她**对于经济与中国人的知识,全不是**她自己**揣摸出来的。]

[**Young Mary**'s ideas on the relations between economics and ethics were lifted from the newspaper, and **her** abhorrence of Chinese was learned from the movies, but in fact neither of the notions **she** entertained about economics nor Chinese were of **her own** creation.]

20) **温都姑娘**先去洗了手,又照着镜子,……又把笔插在墨水瓶儿里;低着头看**自己**的胖手……
Miss Wendell went to wash her hands first. Looking in the mirror she twisted her face,... She dipped the pen in again and bent down to examine **her** fleshy hands...

21) **马老先生**在伦敦三四个月所得的经验,并不算很多:找着了三四个小中国饭铺,天天去吃顿午饭。**自己**能不用马威领着,由铺子走回家去。

Mr. Ma couldn't really be said to have seen or done a lot in the three or four months that he'd been in London. He'd found a few Chinese restaurants where he would go for his daily lunch. And **he** could find his way around without having Ma Wei; he usually walked home from the shop.

22) 把东西摆好,**马老先生**出去,偷偷的看一看隔壁那家古玩铺的窗户。**他**捻着小胡子向**自己**刚摆好的东西点了点头,觉得那家古玩铺的东西和摆列的方法都俗气! 可是隔壁那家的买卖确是比**自己**的强……

Once **Ma** had finished arranging everything **he** went out and stole a glance at the antique dealer's window next door. Stroking his mustache, he nodded his head at **his own** display, feeling that the neighbor's choice of objects and display arrangement was so low-class, so vulgar! But then, they did better business than **his** shop ...

["……",**伊太太**梗着脖子说。**她**向来是不许世界上再有第二个人知道中国事像**她自己**知道的那么多。]

["…", Mrs. Evens tightened her neck. **She** was *the* authority on China, and would permit no one else in the world to presume they knew as **she**.]

[**亚力山大**笑开了,笑得红脸蛋全变紫了。没有人理他,**他**妹妹也没管他,直笑到嘴咧的有点疼了,**他自己**停住了。]

[**Alexander** started laughing and kept turning from various shades of red to purple. But no one paid him any notice, not even **his** sister, and **he** finally quieted down when his mouth became sore.]

23) **亚力山大**一口跟着一口喝他的咖啡,越想**自己**的笑话越可笑;结果,哈哈的乐起来了。

Alexander took a deep drink from his coffee, growing more amused by **his** little story the more he thought about it, he finally broke out in merry guffaws.

24) 一想起**自己**是病人,**马先生**心里安慰多了:谁不可怜有病的人!

When **Mr. Ma** realized that **he** was a sick man he felt greatly comforted; after all who doesn't have sympathy for the sick?

25) **伊牧师**明知道**自己**有点碎嘴子,病人吗,当然如此!

He knew **he** was being a bit rough on her, but from sick people, that's to be expected.

26) **马老先生**说不清**自己**是否和她发生了恋爱,……

Mr. Ma couldn't really be sure whether **he**'d fallen in love with Mrs. Wendell or not,…

27) **温都太太**,自从**马家父子**来了以后,确是多用了许多邮票:家里住着两个中国人,不好意思请亲戚朋友来喝茶吃饭;让亲友跟二马一块吃吧? 对不起亲友,叫客人和一对中国人坐在一桌上吃喝! 叫二马单吃吧? 又太麻烦;自然二马不在乎在哪儿吃饭,可是**自己**为什么受这份累呢!

As **Mrs. Wendell** saw things, she'd certainly gone through a lot of stamps since Mr. Ma and his son had come to stay. With two Chinese living in the house she was too embarrassed to have friends or family over for tea or dinner. How could she have guests eat together with the Ma's? Why it would be a slight to her guest to force them to sit at table with two Chinese! And as for having the Ma's eat alone — well that would just be too bothersome. Of course the Ma's didn't really care where they ate, but why should **she** have to run **herself** ragged with all the fuss involved!

28) 玛力的脸也白了,把母亲搀到一把椅子旁边,叫她坐下;**自己**忙着捡地上的东西……

Mary blanched a little; **she** helped her mother to a chair and went to clean up the mess:…

29) 玛力不明白母亲的意思,看母亲脸上已经没眼泪可擦,擦了擦**自己**的眼睛。

Mary didn't quite understand what her mother meant, and seeing that her mother's cheeks were dry, she proceeded to dab **her own**.

30) 玛力把马威叫来吃早饭。**他**(马威)看玛力脸上的神气,没跟她说什么;先把父亲的饭(玛力给重新打点的)端上去,然后一声没言语把**自己**的饭吃了。

Mary called **Ma Wei** down to breakfast, and gauging her expression, **he** decided against trying to talk to **her**. He took up his father's tray (Mary had prepared a new one) and finished **his own** breakfast without a word.

(Ⅲ) 英译汉对比语料举例

1) **He** knew **he** had made India love him and he knew that she still loved him and, deep in his heart, he had the feeling that **he** had not played the gentleman.

他明白是**自己**设法让英迪亚爱上了他,也知道她现在仍然爱他,所以内心深处隐隐觉得**自己**的行为不是实行一夫多妻制,但这里是讲的一妻多夫。

2) **Jims** did not like to jump fences, but **he** had jumped higher ones than this in order to keep up with **his** masters.

吉姆斯不喜欢跳篱栏,然而**他**为了赶上**自己的**两位主人,还跳过比这更高的地方。

3) She had been raised in the bedroom of **Solange Robillard**, Ellen O'Hara's mother, a dainty, cold, high-nosed Frenchwoman, who spared neither **her** children nor her servants their just punishment for any infringement of decorum.

她是在爱伦·奥哈拉的母亲**索兰吉·罗毕拉德**的卧室里养育大的,**那位老太太**是个文雅的高鼻子法兰西人,无论对**自己的**儿女或者仆人只要触犯法规便不惜给以应得的惩罚。

4) As soon as she was beneath the gnarled arms of the cedars, **she** knew **she** was safe from observation from the house and she slowed her swift pace,…
一跑进这甬道里，**她**便觉得**自己**已经安全了，家里的人望不见了，这才放慢脚步，……

5) For **he** liked to think that when **he** bawled orders at the top of his voice everyone trembled and obeyed.
因为**他**喜欢设想，只要**自己**大喊大叫地发号施令，谁都会战战兢兢地服从呢。

6) It was a secret he would never learn, for everyone from Ellen down to the stupidest field hand was in a tacit and kindly conspiracy to keep **him** believing that **his** word was law.
他永远也不会知道这个秘密，因为自爱伦以下直到最粗笨的大田劳工，都在暗中串通一起，让**他**始终相信**自己**的话便是圣旨。

7) When **Ellen** was dressing for a ball or for guests or even to go to Jonesboro for Court Day, it frequently required two hours, two maids and Mammy to turn her out to **her own** satisfaction;
每当**爱伦**为了参加舞会，接待客人或者到琼斯博罗去旁听法庭审判而梳妆时，那就得花上两个钟头的时间，让两位女仆和嬷嬷帮着打扮，直到**自己**满意为止；

8) It was like Gerald that **he** never wasted regrets on **his** lack of height and never found it an obstacle to **his** acquisition of anything he wanted.
对**杰拉尔德**来说，**他**从不以**自己**身材矮小而自怨自艾，也从不认为这会阻碍**他**去获得**自己**所需要的一切。

9) While he entertained the liveliest respect for those who had more book learning than **he**, **he** never felt **his own** lack.
尽管对那些比**他**较有学问的人怀有敬意，可是从来也不感觉到**自己**的缺陷。

10) **He** liked the South, and he soon became, in **his own** opinion, a Southerner.
他喜欢南方，并且**自己**以为很快就成了南方人。

11) **His** habits of living and **his** ideas changed, but **his** manners **he** would not change, even had he been able to change them.
他的生活习惯和思想变了，但**他**不愿改变**自己**的态度，即使他能够改变。

12) With the deep hunger of an Irishman who has been a tenant on the lands his people once had owned and hunted, **he** wanted to see **his own** acres stretching green before his eyes.
他像一个曾经在别人所拥有和猎取的土地上干活的爱尔兰佃农那样，满怀希望看到**自己**的田地绿油油地从眼前舒展开去。

13) With a ruthless singleness of purpose, **he** desired **his own** house, **his own** plantation, **his own** horse, **his own** slaves.

他无情地、一心一意地追求一个目标,就是要拥有**自己**的住宅,**自己**的农场,**自己**的马匹,**自己**的奴隶。

14) **He** knew what **he** wanted, and when Gerald wanted something he gained it by taking the most direct route.

他懂得**自己**所要的是什么,而当他需要时便断然采取最直截了当的手段来攫取它。

15) Gerald closed his eyes and, in the stillness of the unworked acres, **he** felt that **he** had come home.

面对这片寂静的荒地杰拉尔德闭上了眼睛,**他**觉得**自己**仿佛回到了家里。

16) With **his own** small stake, what **he** could borrow from his unenthusiastic brothers and a neat sum from mortgaging the land, Gerald bought his first field hands and ...

用**自己**一小笔赌本,**杰拉尔德**从两位不很热心的哥哥那里借到的一点钱,以及典地得到的一笔现金,买了头一批种大田的黑奴,……

17) **Tom Slattery** could have sold **his** farm for three times its value to any of the planters in the County.

斯莱特里很可以把**自己**的农场以高出三倍的价钱买给县里任何一个大地主。

[**His wife** must be a lady and a lady of blood, with as many airs and graces as Mrs. Wilkes and the ability to manage Tara as well as Mrs. Wilkes ordered **her own** domain.]

[**他的妻子**必须是一位夫人,一位出身名门的夫人,像威尔克斯太太那样端庄贤淑,能够像威尔克斯太太在整顿**她自己的**田地那样把塔拉农场管理好。]

18) The heartbreak and selflessness that **she** would have dedicated to the Church were devoted instead to the service of **her** child, her household and the man who had taken her out of Savannah and ...

她本来会奉献给教堂的那分悲痛和无私,如今都全部用来服务于**自己**儿女和家庭以及那位带她离开萨凡纳的男人了……

19) **She** knew how to smile so that her dimples leaped, and how to walk pigeon-toed so that her wide hoop skirts swayed entrancingly, how to look up into a man's face and then drop her eyes and bat the lids rapidly so that **she** seemed atremble with gentle emotion.

她懂得怎样微笑才能使那两个酒窝轻轻抖动,怎样扭着走路才能让宽大的裙子迷人的摇摆,怎样首先仰视一个男人的面孔,然后垂下眼来,迅速地蠕动眼帘,显出**自己**是在略带激情地颤抖似的。

20) Ellen never fully realized that it was only a veneer, for **Scarlett** always showed **her** best face to her mother, concealing her escapades, curbing **her** temper and appearing as sweet-natured as she could in Ellen's presence, ...

爱伦从来不曾充分认识到这只是一点虚制,因为**思嘉**经常在她跟前显示**自己**最好的一面,而将**她**的大胆妄为掩藏起来,并且克制着**自己**的脾气,表现得如她母亲所要求的那样性情温婉,……

21) Throughout the dismal meal, Gerald's booming voice battered against her ears until **she** thought **she** could endure it no longer.
这顿不愉快的晚餐自始自终只听见杰拉尔德那低沉的声音在耳边回响,直到**她**发觉**自己**已实在无法忍受了**为止**。

22) Gerald made a habit of dominating the conversation at mealtimes, and usually **Scarlett**, occupied with **her own** thoughts, scarcely heard him.
但往往**思嘉**不去听他,只默默地琢磨**自己**的心事。

23) Of course, **she** did not intend to tell her mother what was so heavy on **her** heart,…
当然,**她**并不想将**自己**心头的沉重负担向母亲倾诉,……
[**Suellen**, embroidering on what **she** gigglingly called her "hope chest," was wondering if she could possibly detach Stuart Tarleton from her sister's side at the barbecue tomorrow and ….]
[**苏伦**一面在**她自己**笑嘻嘻地称之为"嫁妆箱"的东西上刺绣,一面思忖着在明天的全牲大宴上她可不可能把斯图尔特·塔尔顿从她姐姐身边拉过来,……]

24) **Ellen** ate diligently, but Scarlett could see that **she** was too tired to know what **she** was eating. …
爱伦努力地吃着,但思嘉看得出**她**,根本不知道**自己**在吃什么,她实在太疲乏了,……

25) **Mr. Bennet** was among the earliest of those who waited on Mr. Bingley. He had always intended to visit him, though to the last always assuring **his** wife that he should not go; and till the evening after the visit was paid, she had no knowledge of it.
班纳特先生尽管在**自己**太太面前自始至终都说是不想去拜访彬格莱先生,事实上一直都打算去拜访他,而且还是跟第一批人一起去拜访他的。
[**They** were of a respectable family in the north of England; a circumstance more deeply impressed on **their** memories than that **their** brother's fortune and **their own** had been acquired by trade.]
[**她们**对**自己**的出身记得很牢,可是却几乎忘了**她们**兄弟的财产以及**她们自己**的财产都是做生意赚来的。]

26) But though he was now established only as a tenant, Miss Bingley was by no means unwilling to preside at his table, nor was **Mrs. Hurst**, who had married a man of more fashion than fortune, less disposed to consider his house as **her** home when it suited her.
不过尽管他现在仅仅是以一个租户的身分在这儿住了下来,彬格莱小姐还是非常愿意替他掌管家务,再说那位嫁了个穷措大的**赫斯脱太太**,每逢上弟弟这儿来作客,依旧像是到了**自己**家里一样。

195

[Bingley was endeared to **Darcy** by the easiness, openness, ductility of his temper, though no disposition could offer a greater contrast to **his own**, and though with his own **he** never appeared dissatisfied.]

[**达西**所以喜欢彬格莱,是因为彬格莱为人温柔敦厚、坦白直爽,尽管个性方面和**他自己**极端相反,而**他自己**也从来不曾觉得自己的个性有什么不完美的地方。]

27) **She** mentioned this to **her** friend Miss Lucas.

伊丽莎白曾经跟自己的朋友卢卡斯小姐谈到过这一点。

[But **Lydia**, with perfect indifference, continued to express **her** admiration of Captain Carter, and her hope of seeing him in the course of the day, as he was going the next morning to London.]

[**丽迪雅**却完全没有把爸爸的话当一回事,还是接着说下去,说**她自己**多么爱慕卡特上尉,还希望当天能够跟他见面,因为他明天上午就要到伦敦去。]

[..., replied **Darcy**, **to whom** this remark was chiefly addressed,...]

[**达西**听出她这几句话是有意说给**他自己**听的,便连忙答道:……]

28) At length however Mrs. Bennet had no more to say; and **Lady Lucas**, who had been long yawning at the repetition of delights which **she** saw no likelihood of sharing,...

后来班纳特太太说完了,**卢卡斯太太**听她谈得那样志得意满,**自己**又没个份儿,……

29) **She** looked at **her** father to entreat his interference, lest Mary should be singing all night.

她最后对自己的父亲望了一眼,求他老人家来拦阻一下,免得曼丽通宵唱下去。

30) **She** represented to her sister as forcibly as possible what **she** felt on the subject, and had soon the pleasure of seeing its happy effect.

她把自己对这个问题的感想,解释给她姐姐听,果然一下子就收到了很好的效果,她觉得非常高兴。

31) **Her** heart was divided between concern for **her** sister, and resentment against all the others.

她真伤心透了,一方面是关怀自己的姐姐,另方面是怨恨那帮人。

32) A day or two passed before **Jane** had courage to speak of **her** feelings to Elizabeth;

隔了一两天,吉英才鼓起勇气,把自己的心事说给伊丽莎白听。

33) But **Elizabeth**, less clear-sighted perhaps in **her** case than in Charlotte's, did not quarrel with him for his wish of independence.

可是伊丽莎白对自己这件事,也许不如上次对夏绿蒂的事那么看得清楚,因此并没有因为他追求物质享受而怨怪他。

索 引

A-始和 B-始联合分析法，66，69
A-始分析法，66—68
B-始分析法，66，68—70
B-然后-A 分析法，66，69
MDP(实体)，13，83，85—89，95，98—107，109—114，141—145，147—157，159，168
Φ-特征，10，30，32

长距离反身化，6，13—15，18—19，23，26，31—32，36—42，44—45，79，81，99，103，140，159
长距离回指，13，15—18，39，45，62，75，78—79，81，85—86，88，91，97，104，112，116，122，138—139，141—142，145—146，148，159—160，163—166，168，170
长距离回指式，115，164
长距离回指语，10，17，41
长距离照应，13
长距离约束，12，14，19，23，27—29，32，37—38，59，79
成分统制，8，20—23，40—42，50，54，145
比较义，147
表层结构，27—30，39，51—52
宾格代词，25，118，122—129
宾语(性)MDP，100—105，107
初始等同假说，99，102，118

初始假说/设，94，96，99—100，114，116，118
次统制，36，38，41—42，99，102
代词化，16，49，53，138，157—158，165
第三人称观点，46，48—49
典型(标准)视点回指式，103，105，107，109，115，161，164
定语(修饰语)，25，36，41，83，98—105，109—110，112，114，118，120，122—126，128—129，131，133，136，138，142，168—169
定语(修饰语)MDP，100—104，112
对比功能分析(法)，16，94—95，163，170
对比性，16，35，45，59—61，64，73，79，85，95，146，148，162，165

方式原则，45，65—69，71，74
非 MDP(实体)，103—105，112，152，157，163
非论元移位，29
非视点回指(结构)式，12，16，88，90，94，104—105，112—113，115
分裂(的)先行语，23—24，54—55，112
分指(非同指)，50，66—70，72—74
分指假说，69—70，72—73
复合回指语，10

副动词, 76
副主题, 76, 82
感觉(类)动词, 47, 105, 106
共同对比基础, 99
关联可比条件, 100
关联回指, 170
关联原则, 63—64
(最小)管辖范围/管辖域/管辖领域/语域, 14, 19—24, 27, 30, 37, 54, 143
管辖与约束(管约)理论, 14, 18—22, 26, 42, 52, 62, 140
广义(一般)会话含意, 66
合取义, 147
合作原则, 62—63, 82, 85
话题化, 160
回指解读/理解, 55, 71, 84—85, 148, 159, 166—167, 171
回指生成/建构, 15—16, 61, 88, 90, 94—95, 140, 148—150, 153—155, 157, 162—168
回指语, 6—7, 10, 12, 16—17, 20, 41, 49—50, 61, 70, 78, 82, 86, 94, 105, 135, 159—163, 167, 171
会话含意理论, 44, 62—63
会话准则, 62—63
霍恩语用力分配律, 64—65

基本语料, 94, 96—97, 114, 116—117
级差量含意对比假说, 70
间接回指, 170
兼容性(相容性/一致性), 35—37
简单反身代词, 10, 16, 18, 26, 29, 32, 37, 83—85, 91, 93, 116, 123, 125—126, 133, 138, 141, 144—145, 149, 152, 163—166, 169
简单回指语, 10

间接性言语(引语), 17, 107
焦点成分(句子焦点成分), 147
经事, 32—33
局部性, 10, 26, 29, 31, 35—37, 143
局部语域, 19—20, 24, 37
局部约束性回指语, 10
句型意义, 167
可比标准, 99, 170
可能约束成分, 160
客观视点领域, 88—89
客体, 32

来源(角色), 14, 35, 44—49, 78—79, 105, 161
理解准则, 85, 95
量/霍恩等级, 63, 65, 67, 69—71, 73, 83
量原则, 45, 63—65, 67, 74
逻辑形式, 26—32
内部视点, 54
内在所指性, 29
内指(照应), 58, 145
逆向回指, 150
凝固的语用法, 167
期待主题, 75—78, 82
期待副主题, 75—77
情景语境, 49
屈折变化, 14, 26—29, 42
屈折变化移位方案/法, 26, 28—29, 42
屈折短语, 30
屈折短语附接(法), 14, 28—32, 42
认知动词, 47, 98

摄像视角, 45, 51—52, 79
深层回指, 170
深层结构, 28, 33

生成准则，85，95，153
生命性，36，38，41—42，88—89，95，160，166
施事，32—33，45，59，68
实体，6—7，9，13—14，16，36，38，51—52，61，65，68—69，75—79，84—86，88—89，112—113，138，140，142—143，151—152，154，156—160，162，165—166，168，172
视点（回指）动词，46，49，97，105，107，109，114，164
视点回指，6—18，42，44—50，53，55，58—62，69—71，73，75，78—79，81—82，84—86，88—91，94—96，99—100，102—109，112，114—116，118，138—139，141—146，148—149，159—166，168，170
视点回指代词，8—9，13—15，89，109，141
视点回指（结构）式，9，16，90，95—96，102—107，109，112，114—116，118，161—162，164
视点回指语，141，143—144，152—153，158，162，165
视点领域，57—58，60，79，88—89，95，105，112，145，159—161，166
视点领域界限，57，160
视点中心名词语，142
受话人，9，16，40，49，55，62，65—66，69，82，85—86，142
受事，32，59
属格代词，59—60，96，118—119，122—129，131—133，136，138，146，154
属格反身代词，83，119
数量原则，63—64

双重照应语，29
说话人，8，40，45，47—49，51—55，62—63，65—66，69，78—79，82，85—86，89，97，142，153，159
说话者视点，9
说话者叙述视角，157，165
所指对象，35，49，51—52，55，60，65，75，82，89，104，106，109，113—114，138
特征矩阵，21
题元等级，14，32—34，42

外指，49，97，116
无差别假设，17
析取义，147
先行语/先行成分，6—13，16—17，19—20，22—24，26—29，31—33，36—39，41—42，44，49，52，54—55，57，62，70，72，76，83，86—87，93—94，98—100，102，104—105，110—112，114，118，142—145，152，157—160，163—164，166—168，170
显著(性)实体，85，159—160
限定小句，23
心理(类)动词，46—47，49，108
新格莱斯(语用)回指理论，71，74，79
新格莱斯语用学(理论)，45，62，82，85
信息原则，45，65—70，73—74
修正(性)假说/设，17，94，96，102—103，114，116，122—123，125，128，135，138
叙述视角(视点)，53，57—59，74，79，88，133，138，145，151，155，160，164

言说(类)动词, 9, 46—47, 103, 105—106, 108, 113, 141

一般视点回指(结构)式, 105, 109, 114
移情, 45, 49—53, 78
移情等级, 51, 53
译出语, 17, 90, 120—121, 123
译入语, 91, 93, 120
意识主语, 44—45, 55—62, 79, 82, 112, 114, 146, 167—168
语法主语, 167
语例意义, 167
语链约束, 30
语料库语料, 10
语篇表征理论, 47
语篇凸显, 53, 59, 61, 79, 95
语篇显著性, 146
语篇(篇章)语法, 55, 79, 145, 167—168
语篇(内部)主人公视点, 9, 14, 35, 54, 145
语型意义, 167
语用原则, 17, 65, 67, 70—71, 81—85, 89, 94—95, 112—113, 139—140, 144, 148, 153, 158—159, 161—163, 165—168, 170
约束原则(条件), 18, 20, 22—25, 27, 32, 42, 54, 57, 62, 79, 166

照应语, 10, 20—22, 24—25, 32, 35, 37, 40, 50, 54, 57, 159
支点(角色), 14, 35, 44—49, 78—79, 82

直接回指, 170
直接引语, 40, 46, 49
直指(的), 39—40, 58, 93, 97, 99, 116, 145, 171
重构, 28
主格代词, 59, 109, 122—129, 133, 138, 154, 166
主题性, 34, 45, 53, 75, 82
主语, 8—13, 19, 21—28, 31, 33—37, 40—41, 44—45, 50—62, 68—70, 72—74, 76—77, 79, 82—83, 88, 96—106, 109—114, 118—130, 133—134, 138, 142—147, 150, 158, 160—162, 165, 167—169
主语(做主语的)MDP, 99—104
主语导向/指向/倾向(性), 8, 10, 26, 31, 37, 83, 158
转述性话语, 8
准标补词, 47
自省语料, 10
自我(角色), 14, 35—38, 44—49, 78, 82
自我归属, 14, 35—38, 42
自我归属者, 36—38
自我意识, 36, 89
自由间接性言语(引语), 17, 107
阻断效应, 13, 38—39, 42
最大句子效应, 38, 40, 158
最小句子效应, 38, 40, 158
最小最大句子效应, 38, 40, 42, 159
最小意识主语, 44, 54—57, 62, 145
最小语篇主人公, 13, 85, 89, 141, 163, 168
最小语篇主人公导向, 83